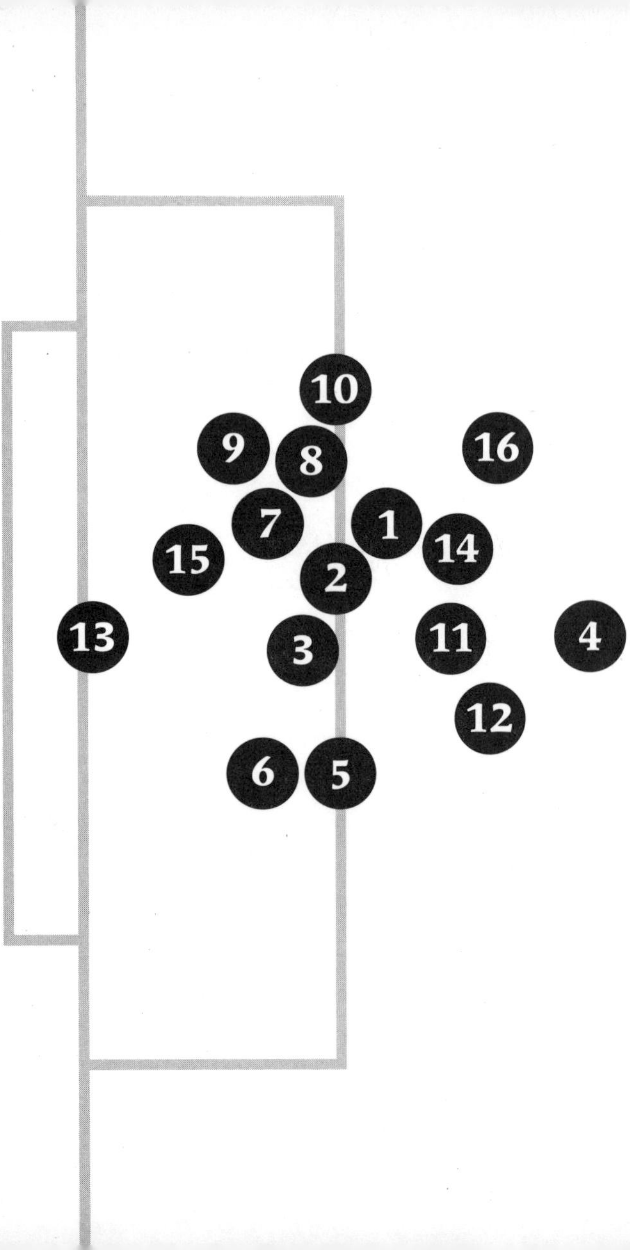
10
9
8
16
7
1
15
14
2
13
3
11
4
12
6
5

Christoph Nagel

Kloses Tore

Die 16 WM-Treffer.
Die Karriere.
Das Leben.

Atlantik

Atlantik-Bücher erscheinen im
Hoffmann und Campe Verlag, Hamburg

1. Auflage 2014

www.hoca.de *www.atlantik-verlag.de*
Umschlaggestaltung: Sarah M. Hensmann

Satz: pagina GmbH, Tübingen
Gesetzt aus der ITC Mendoza und der Vario Com
Druck und Bindung: Druckerei C. H. Beck, Nördlingen
Printed in Germany

HOFFMANN
UND CAMPE

Ein Unternehmen der
GANSKE VERLAGSGRUPPE

Klose. Ein Porträt.

Kein Porträt Miroslav Kloses kommt ohne Blaubach und Diedelkopf aus. Wie gemütliche Pfälzer Ausgaben der Logen-Lästerer Waldorf und Statler aus der »Muppet Show« sitzen die beiden am Bühnenrand seiner Karriere und kommentieren das Geschehen.

»Dass aus dem Jungen noch mal was wird!« – »Nicht mal auf dem Schulhof durfte er anfangs mitspielen. Nicht mal auf dem Schulhof!« – »Immerhin hat er was Anständiges gelernt.« – »Anständig? Zimmermann! Immer den anderen aufs Dach. Dabei ist es ja geblieben. Höhö.«

So würde es vielleicht klingen, wenn Blaubach und Diedelkopf sprechen könnten. Nur sind Blaubach und Diedelkopf keine Trainingskiebitze im Ballonseidenanzug, sondern Ortschaften in Rheinland-Pfalz. Teile der Verbandsgemeinde Kusel, um genau zu sein, Diedelkopf die größere (rund 700 Einwohner), Blaubach (450 Einwohner) die stolzere. Denn Miroslav Klose ist Blaubacher. Und die SG Blaubach-Diedelkopf war sein erster Verein. Ein ständiger Kommentar sind Blaubach und Diedelkopf trotzdem, schon durch ihre bloße Anwesenheit. Miroslav Klose mag noch so viele WM-Tore geschossen haben: Ein Hauch von Kleinstadt ist immer dabei. Das Schöne ist, wie gut ihm das steht. Es macht ihn nicht kleiner, sondern größer. Denn sein Werdegang ist immer präsent.

Bevor Klose Blaubacher wurde, galt er als Aussiedler. Als Achtjähriger kam er mit den Eltern Barbara und Josef und seiner älteren Schwester Macena aus Polen nach Deutschland, über das Grenzdurchgangslager Friedland. »Das war knallhart«, erzählte er 2006 in einem Interview: »Du sitzt da mit drei, vier Familien in einem Zimmer, und du wartest. Bekommst du den Pass, bekommst du ihn nicht? Ich bin mir nicht sicher, ob das Wort ›Unsicherheit‹ treffend beschreibt, wie du dich in der Situation fühlst.«

Zwischenzeitlich hatten die Kloses schon in Frankreich gelebt. Dort stieg Vater Josef als Profi unter Trainer Guy Roux mit dem AJ Auxerre in die höchste französische Spielklasse auf und wurde Pokalfinalist. Anschließend kletterte er mit dem FC Chalon von der vierten in die dritte Liga, bevor er seine Karriere beendete und nach Polen zurückkehrte. Als Miro Klose Anfang 2002 an körperliche Grenzen geriet, analysierte kein Vereinstrainer, sondern Vater Klose mit ihm seine Laufwege per Video. »Dann hat er mir gesagt, welchen Weg ich nicht umsonst mit zurückrennen soll«, so Klose später. »Das hat mir geholfen.« Als 82-fache polnische Handball-Nationalspielerin legte auch Mutter Barbara einiges an sportlichem Talent in seine Wiege. Oft wird der Einfluss ihrer Gene als eine Ursache von Kloses Sprungkraft genannt.

Der Anfang in Deutschland war nicht einfach. Außer »Ja« und »Danke« konnte der kleine Miroslav kein Deutsch. Er fing in der zweiten statt in der vierten Klasse an, und bei seinem ersten Diktat gab er ein leeres Blatt ab. Die Mitwirkung in der katholischen Gemeinde als Messdiener und Sternsinger trug aber zu seiner Integration bei und ganz besonders natürlich der Fußball – doch hätte es eines Tages nicht einen Spieler zu wenig auf dem Schulhof gegeben, der stille spätere WM-Rekordtorschütze hätte vielleicht lange warten müssen, bis er mitspielen durfte.

Geboren wurde Miroslav Klose in Opole, auch Oppeln oder Uppeln genannt, früher die Hauptstadt Oberschlesiens. Kloses Kinder wachsen zweisprachig auf, mit seiner Frau und seinen Eltern spricht er oft polnisch. Noch immer hat er in Polen viele

Verwandte; Onkel und Tanten, Cousins und Cousinen. Als er 2012 in Polen und der Ukraine zur Europameisterschaft antrat, drückten sie ihm alle die Daumen. Man nimmt ihm ab, wie sehr ihn das freute, denn der Familienmensch Klose darf genauso wenig in einem Porträt fehlen wie Blaubach und Diedelkopf.

Sogar einen eigenen Familientorjubel hat er erfunden, drei Finger für seine Frau Sylwia und die 2005 geborenen Zwillinge Luan und Noah, ein ›Ehering‹ aus Zeigefinger und Daumen als Symbol für Zusammenhalt. So bekannt wie der Klose-Salto ist diese Geste nicht, obwohl sie dem Menschen Klose besser zu entsprechen scheint als der exaltierte Salto. Mann vom Zirkus? Glamour-Typ? »Guck mal, jetzt komm ich«? Ein solches Image würde zu Miroslav Klose passen wie ein Champagnerbrunnen in den Dorfkrug. Wir sprechen über einen Mann, von dem erzählt wird, dass er sich von seinem ersten Profigehalt zwar ein neues Auto kaufte – bewusst aber dasselbe Modell wählte wie zuvor, nur besser ausgestattet. Den alten Wagen bekamen die Eltern, das alte Typenschild schraubte er auf den Nachfolger: Nur nicht abheben, außer nach Toren. Als müsste die Erlaubnis zur Extravaganz jedes einzelne Mal durch außergewöhnliche Leistungen verdient werden.

Was ein Grund dafür sein könnte, dass Klose

den Klose-Salto nicht nach jedem Tor schlägt. Ohnehin präsentiert er ihn mit fortgeschrittenem Alter seltener, schon der Verletzungsgefahr wegen. 2008 beispielsweise, Klose spielte seit Saisonbeginn für die Bayern, musste er sich nach verunglücktem Siegestor-Salto gegen Karlsruhe verletzt auswechseln lassen. »Wenn man so wenig Gelegenheiten hat, Saltos zu machen, dann kommen solche Dinge heraus«, lästerte Bayern-Präsident Beckenbauer.

Kloses Bayern-Periode war seine torärmste Zeit: 4 Jahre, 98 Spiele, 24 Tore – bei jeder seiner drei anderen Profi-Stationen war er erfolgreicher. Als passten der »FC Hollywood« und der geerdete Himmelsstürmer (ein Widerspruch, den so nur ein Klose in sich vereinen kann) nicht recht zusammen.

In Kaiserslautern lief es besser. Hier erlebte er seinen Durchbruch. Nach einem Jahr Zwischenstopp beim FC Homburg – mit zwanzig, aus heutiger Sicht ein biblisches Alter, um eine Karriere zu beginnen – wurde der Bundesligist vom Betzenberg endlich aufmerksam. Nicht für die erste Mannschaft freilich, sondern erst einmal für die Amateure. Obwohl er fleißig traf: Zum Probetraining bei den Profis wurde Miroslav Klose nicht gebeten. Er musste selbst darum bitten. Eines Tages fragte er Otto Rehhagel, ob er zwei Wochen mittrainieren dürfe. Er durfte – und blieb. Seine ersten sechs Profi-Einsätze (noch torlos) bestritt Klose unter »König Otto«. Doch zum Stammspieler wurde er erst nach dem Trainerwechsel zu Andi Brehme im Oktober 2000.

So langsam seine Karriere begonnen hatte, so energisch startete Klose nun durch, unter Beibehaltung maximaler Bodenhaftung. Sein erster TV-Auftritt in einer Sendung des Südwestdeutschen Rundfunks Rheinland Pfalz vom 22. September 2000 ist ein bemerkenswertes Zeitdokument: In breitestem Pfälzisch und mit ausgesuchter Freundlichkeit versichert der schüchterne »Shooting Star des 1. FCK«, so die Anmoderation, der soeben seine ersten beiden UEFA-Cup-Spiele gegen Bohemians Dublin absolviert hat, er sei selbst verblüfft über die Ereignisse: »Vor drei Jahre hab i selbst noch inne Weschkurv gestanne und hab die Leute angefeuert.« Ziel Nationalmannschaft? »Neeein, Neeein. Des is zu weit weg. Nationalmannschaft – kein Thema.«

Kein Thema? Blaubach und Diedelkopf wären zufrieden mit ihm gewesen. Weniger Wolkenkuckucksheim war nie. Als Weltmeister Fritz Walter dem Jungtalent in derselben Sendung rät, sich ruhig mal ein Sektchen zu genehmigen, aber bloß nie mit dem Rauchen anzufangen, erweckt Kloses Antwort den Eindruck, als wäre eine Karriere als Kettenraucher zwar ausgeschlossen (»Raaache kommt für mi net in Frage«), aber immer noch wahrscheinlicher als Erfolge in der Nationalelf.

Und doch war es schon wenige Wochen später so weit - mit charakteristischem Understatement: Als Klose im Herbst 2000 seine ersten Gehversuche in der Nationalmannschaft machte, wirkte er auf Teamchef Rudi Völler »fast verlegen. Im Training hatte ich den Eindruck, dass er nicht auffallen wollte.«

Erst später habe Klose ihn mit »Schnelligkeit, Tricks und Dribblings verblüfft« und sich so seinen ersten Einsatz verdient: Im März 2001 im WM-Qualifikationsspiel gegen Albanien. Wobei er prompt nicht nur mitspielte, sondern eine Viertelstunde nach seiner Einwechslung das Siegtor zum 2:1 schoss. Dramaturgisch perfekt in der 88. Minute, Salto inklusive.

Klose und Kaiserslautern: Das war bis 2004 eine Einheit. Erst Thomas Schaaf schaffte es, ihn aus der Pfalz wegzulocken. Nach fünf Jahren und 44 Toren wechselte Miroslav Klose für 5 Millionen Euro zu Werder Bremen, dem Deutschen Meister und DFB-Pokalsieger 2004. Mit Ivan Klasnic bildete er ein fulminantes Sturmduo. Meister wurde er mit Werder nicht, aber Vizemeister 2006. In diesem Jahr spielte er seine beste Saison: 26 Spiele. 25 Tore. 13 Vorlagen. Eine unglaubliche Bilanz, die nur durch die Abwesenheit einer Rasenheizung am Hamburger Millerntor geschmälert wurde.

Längst ist das DFB-Pokal-Viertelfinale vom 25. Januar 2006 Teil der deutschen Fußball-Folklore geworden: Der damalige St. Pauli-Präsident Littmann erzählt bis heute gern, wie Manager Klaus Allofs den Schiedsrichter Dr. Brych mit den markigen Worten »Wenn sich einer unserer Nationalspieler hier verletzt und wir darum nicht Weltmeister werden, dann sind SIE schuld!« zu einer Absage bewegen wollte. Das Spiel wurde trotz des gefrorenen und zu großen Teilen schneebedeckten Platzes angepfiffen. Kurz vor Beginn kam neues Schneetreiben dazu. St. Pauli gewann 3:1.

Dass Klaus Allofs mit seinen Befürchtungen gar nicht einmal so falschgelegen hatte, zeigte sich ausgerechnet an seinem erfolgreichsten Angreifer. Nach einem Sprint rutschte Klose im Strafraum der St. Paulianer aus und blieb liegen: ausgekugelte Schulter. »Ich ahnte, dass etwas passieren würde«, so Allofs nach dem Spiel: »Weil Miro immer hundert Prozent gibt, der kann nicht anders.« Oder mit den Worten des *Zeit*-Autors Nicol Ljubic: »Eher kugelt er sich den Arm aus, als dass er sich vorwerfen ließe, nicht alles gegeben zu haben.«

Vier Wochen lang war Miroslav Klose außer Gefecht, vom 18. bis zum 22. Spieltag verpasste er fünf Bundesligapartien. Wie viele Tore er ohne dieses Handicap erzielt hätte: Es wird eines der großen Geheimnisse der Fußballgeschichte bleiben. Torschützenkönig der Bundesliga, Sieger des »Goldenen Schuhs« für den erfolgreichsten Schützen der WM 2006 und Weltmeisterschaftsdritter wurde er trotzdem. Und er kam als Spieler voran: »Erst in Bremen habe ich mich zum mitspielenden Stürmer weiterentwickelt«, sagt Klose heute.

Auch danach blieb er nicht stehen. 2012 gab er in einem Interview zu, die neue Fußballgeneration um das zu beneiden, was sie noch vor sich habe: »Das schnelle, moderne Spiel liegt mir. Ich wäre daher jetzt gern im Alter der Jungs. Dann könnte ich noch zehn Jahre mit denen weiterspielen. Aber wenn ich mir meinen Körper anschaue, ahne ich, dass ich nicht mehr so lange spielen werde.« Ein Körper, den er einmal selbstironisch als »Kadaver« bezeichnete.

Fünf Jahre zuvor dagegen war die Zukunft des Fußballprofis Miroslav Klose noch immer größer als seine Vergangenheit. Seine Erfolge und seine Entwicklung machten den Namen »Klose« nicht nur zum »Nonplusultra« in der *Kicker*-Wertung, sondern zum natürlichen Wunschkandidaten des erfolgreichsten deutschen Profi-Clubs. 2006/7 – mit 13 Toren und 16 Vorlagen spielte Klose trotz Formschwierigkeiten eine weitere erfolgreiche Saison in Bremen – streckten Uli Hoeneß & Co. ihre Fühler nach ihm aus.

Als Klose ihrem Werben trotz eines bis 2008 datierten Vertrags schließlich nachgab, war die Empörung unter den Bremer Fans groß, zumal die ersten Geheimverhandlungen in Hannover zwischen Klose und den Bayern-Bossen vor einem wichtigen europäischen Werder-Spiel bekannt wurden. Dass ihm plötzlich vorgeworfen wurde, die eigenen Interessen über jene des Vereins zu stellen, muss ihn getroffen haben – ihn, der überall als grundehrlich beschrieben wird. 2005 und 2012 wurde er mit der Fair-Play-Medaille des DFB ausgezeichnet. Das erste Mal, weil er als Werder-Spieler auf einen Elfmeter verzichtete und den Schiedsrichter informierte, der gegnerische Torwart habe ihn regelgerecht vom Ball getrennt. Das zweite Mal, weil er, nun bei Lazio, dem Referee ein nach Maradona-Manier erzieltes Hand-Tor gestand. Das Tor wurde nicht gegeben, Lazio verlor 0:3, die Zeitungen barsten dennoch vor Lobeshymnen.

Die Empörung der Bremer Fans hatte viel mit einem weitverbreiteten Groll gegen die Bayern zu tun: Dass Bremen 2007 auf Platz drei, der FC Bayern dagegen auf Platz vier gelandet war, hatte offensichtlich einiges mit der Magie des Miro Klose zu tun. Und nun sollte der einfach weggekauft werden? Das wirkte wie Konkurrenzvermeidung mit Brechstange und großem Portemonnaie, da konnten die Vorstände beider Vereine noch so betonen, der wochenlange Transferpoker um den Stürmerstar sei »nach guten Gesprächen« harmonisch beendet worden. Zwischen 12 und 15 Millionen sollen letztendlich geflossen sein – für einen Angreifer dieses Formats alles andere als eine utopische Summe. Und vielleicht ein Indiz dafür, dass Klose selbst in Zeiten größter Wertschätzung immer auch ein wenig unterschätzt worden ist, jedenfalls bis zum Fall der magischen 15-Tore-Marke bei der WM 2014. Der Blaubach-Diedelkopf-Faktor vielleicht.

Nach drei Jahren bei Werder blieb Klose vier Spielzeiten bei den Bayern. Gleich in der ersten gewann er unter Ottmar Hitzfeld das Double aus Deutscher Meisterschaft und DFB-Pokal. Allzu glücklich wirkte er über weite Strecken dennoch nicht. Und so wechselte er 2011 zu Lazio Rom – UEFA-Cup-Finalist 1998, Europapokalsieger der Pokalsieger von 1999, italienischer Meister von 1974 und 2000. Keine der ganz großen internationalen Adressen wie Real Madrid, Manchester United oder FC Barcelona – doch Klose und Familie fühlen sich wohl in der »Ewigen Stadt«, die mehr Privatsphäre und mehr Konzentration auf den Fußball möglich macht als München. Die Nähe des Papstes mag ein weiterer Pluspunkt sein: Klose ist gläubiger Katholik. Nach einer Privataudienz bei Benedikt XVI. zeigte er sich tief beeindruckt von dem langen Gespräch.

Dass »Mirek« einmal verehrter Stürmerstar in der italienischen Hauptstadt werden würde (geliebt auch wegen seiner Derbysiegertreffer gegen den Lokalrivalen AS Rom), dass er beim deutschen

Rekordmeister spielen, zweimal Deutscher Meister, zweimal DFB-Pokalsieger, einmal Champions-League-Zweiter und zweimal Vizemeister werden würde – ganz zu schweigen von den Erfolgen in der Nationalmannschaft –: Eine Prognose wie diese hätte zu seinem 18. Geburtstag niemand gewagt.

Zu jener Zeit traf Klose zwar serienweise für die SG Blaubach-Diedelkopf, doch eine Profikarriere wurde eher anderen zugetraut. Mochten Freunde auch durchstarten: Klose blieb in Blaubach. Als er mit sechzehn zum ersten und einzigen Mal zum Auswahltraininig in die Sportschule Edenkoben geladen wurde, folgte noch am Ankunftstag die Frage, ob seine Eltern noch da seien. Sie sollten ihn gleich wieder mitnehmen.

Den möglichen Vorwurf, ein Juwel nicht erkannt zu haben, bestreiten die Verantwortlichen der damaligen Auswahllehrgänge vehement. Nicht ihr Auge sei unaufmerksam gewesen – sondern der junge Klose von dermaßen unauffälliger Mittelmäßigkeit, dass einer seiner Jugendtrainer ihn nicht wiedererkannt haben will, als Klose ihm später auf dem Fernsehbildschirm begegnete. Es sei schlicht kein Bild in seinem Gedächtnis gewesen, an das er sich hätte erinnern können. Ob die Ignoranz der Auswahlen Klose eher geschadet oder nicht vielleicht sogar genutzt habe, sei zudem dahingestellt: Wenn Jungspieler in die Auswahl kämen, säßen sie

»mehr im Auto, als dass sie spielen«, immer auf Achse, von Turnier zu Turnier.

Auf Achse war der junge Klose seltener. Er wohnte lange unter dem Dach seiner Eltern, machte seinen Hauptschulabschluss und anschließend eine Lehre als Zimmermann. Noch heute erzählen stolze Einwohner der Gegend, an ihrem Dachstuhl habe Miro Klose persönlich mitgebaut. Es werden über die Jahre nicht weniger werden.

Genau wie die Geschichten über Mirek, den Unentdeckten, dessen Karriere so ansatzlos in den Himmel explodierte wie einer seiner berühmten Saltos, über den Spätstarter aus dem Nichts, den unscheinbaren Charismatiker, den Underdog mit dem Weltmeisterpokal, den vielleicht bodenständigsten Weltstar aller Zeiten.

Über Miroslav Klose – den Mann, der alle daran erinnerte, dass die Blaubachs und Diedelkopfs dieser Welt vielleicht doch näher am Maracanã und den Sternen liegen, als wir denken. Die folgenden Seiten erzählen die Geschichte seiner berühmtesten 16 Tore.

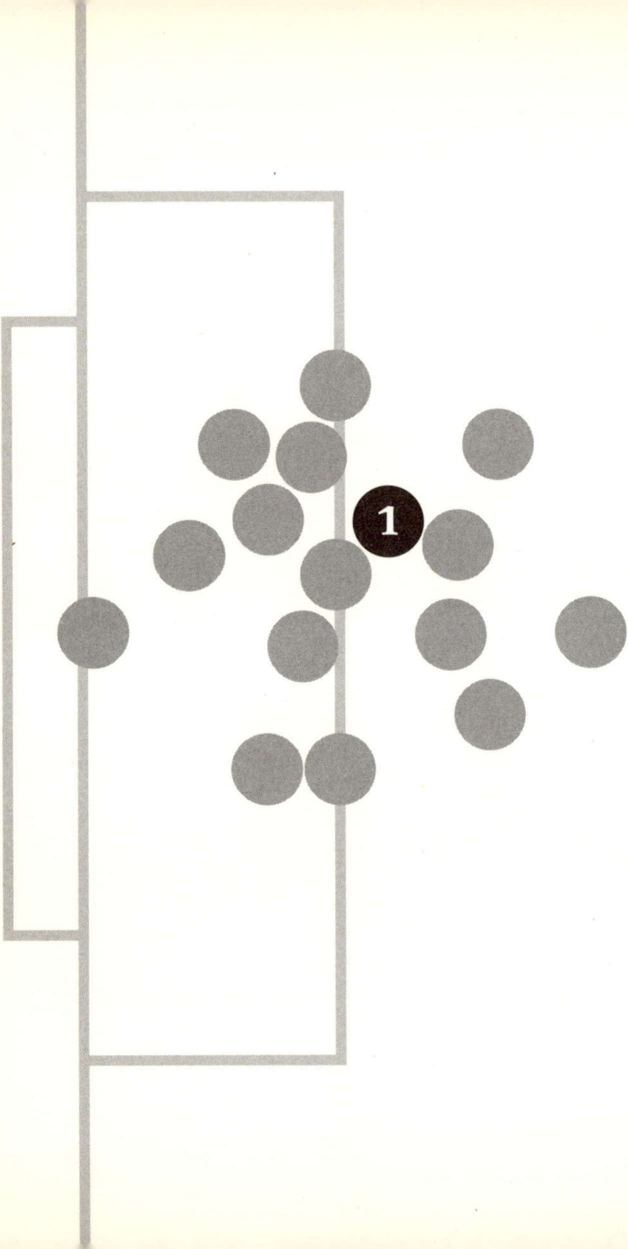
1

Das 1. Tor Klose

Deutschland–Saudi-Arabien	1	1:0 Kopfball

Als das Tor fiel, war es Mittag in Deutschland. Zehn vor zwei: eine Zeit, zu der sich Menschen werktags mit »Mahlzeit« grüßen und zu der sonnabends vor 2009 nicht einmal Zweitligafußball stattfand. Die Zeitverschiebung nach Japan hatte das Ereignis in den helllichten Tag befördert. Ein Ereignis, von dem zu dieser Zeit niemand wusste, dass es ein historisches sein würde – weit über seine Bedeutung als Premierentor der deutschen Fußballnationalmannschaft bei der WM 2002 in Japan und Südkorea hinaus.

Jenes Tor in der 19. Minute des Auftaktspiels der Gruppe E gegen Saudi-Arabien ist so aufgeladen mit Anfängen, dass es die Grenze von »historisch« zu »legendär« berührt und das Tor aufstößt vom Zauber zur Magie. Es ist auf so vielen Ebenen das erste, dass man es »das ersteste« nennen müsste.

Das erste deutsche Tor der WM 2002. Das erste Tor Miroslav Kloses bei seiner ersten Fußball-Weltmeisterschaft. Das erste Tor des höchsten deutschen WM-Sieges und das erste der längsten Kopfballtor-Serie der Weltmeisterschafts-Geschichte.

Und es war das erste von sechzehn. Das erste einer Serie, die den Brasilianer Ronaldo entthronen und durch einen bodenständigen Pfälzer mit polnischen Wurzeln ersetzen sollte: Miroslav Klose, genannt »Miro« oder »Mirek«, Rückennummer: 11. Position: Sturm.

Wer sich Aufzeichnungen des damaligen Spiels ansieht, fühlt sich in eine andere Ära versetzt. Nicht nur, weil es noch kein HD-Fernsehen gab. Am Mikrofon: Heribert Faßbender. Auf der Trainerbank: Rudi Völler. Beigefarbener Anzug statt dunklem Hemd, graue Vokuhila statt schwarzem Pony. »Tante Käthe«. Auf dem Rasen: Recken wie Ramelow, Schneider, Ballack. Torwart-Titan Kahn mit markanten Koteletten und mahlenden Kiefern. Christian Ziege mit Irokesenschnitt.

2002. Der »Orangefuchsige Raukopf« ist »Pilz des Jahres«, hinterlässt aber kaum Spuren im kollektiven Gedächtnis. Anders die »Ich-AG« (»Unwort des Jahres«). Und der »Teuro« (»Wort des Jahres«) – Teuro, der vor allem. Seit 1. Januar ist die D-Mark Vergangenheit. Alle nehmen die neuen Preise in Gedanken mal zwei; es ist die Zeit der

Verdoppelung. Wie sich zeigen wird, passt das sehr gut zu diesem Spiel.

Noch aber steht es 0 zu 0, ein verhaltener Beginn. Vielleicht wirkt er auch nur verhalten, der Akustik wegen. 32 218 Zuschauer im Sapporo Dome: eine achtbare Kulisse. Doch sie schweigt wie ein nächtlicher Wald. Die Rufe der Spieler, der Nachhall getretener Bälle, Anfeuerungen von Fangrüppchen aus Deutschland, alles ist einzeln wahrnehmbar. Später behauptet Oliver Bierhoff, er habe von der Ersatzbank aus die Gespräche auf der Pressetribüne verfolgen können. Nur selten hebt ein Raunen an, rasch anschwellend wie eine Sturmböe – wenn der Ball in die Nähe des Tores gerät oder wenn Jancker ihn hat. Der 1,93 Meter große, kahle Carsten Jancker. »Null-Tore-Jancker« nennen ihn Spötter, nach einer Saison ohne Treffer bei den Bayern. Hier ist er ein bestauntes Phänomen. In der achten Minute jubeln die Deutschen zum ersten Mal, Janckers wegen. Doch sein Treffer wird aberkannt, Foul.

Zehn Minuten später – das Spiel läuft seit 19 Minuten und 9 Sekunden – ist Michael Ballack am Ball, links zwischen Strafraumgrenze und Außenlinie, etwa in Höhe des Elfmeterpunktes. Drei grün gekleidete Gegenspieler beobachten ihn, doch der nächste ist gut zwei Meter entfernt. Ballack nimmt sich Zeit. Er legt sich den Ball mit einer lässig wirkenden Bewegung vor, zielt und schießt.

Ballacks Flanke hebt ab, locker und hoch in den Strafraum getreten. Nach einigen Flugmetern wirft Carsten Jancker sich ihr rücklings entgegen, das rechte Bein in die Luft gestreckt, Fallrückzieherversuch. Der Ball fliegt unberührt weiter. In der Nähe des Elfmeterpunktes kommt er auf und setzt seinen Flug fort, zwei saudische Spieler können ihn nicht aufhalten. Als Miroslav Klose sich am Fünfmeterraum bereit macht, hat der Ball wieder etwas mehr als Hüfthöhe. Klose, der WM-Debütant - unerfahren, unscheinbar und unberaunt vom japanischen Publikum, bis dahin jedenfalls. Im Rücken ein arabischer Gegenspieler. Vor ihm der Torwart in Sprunghaltung.

Fast sieht es aus, als wollte Klose nach dem Ball schnappen. Sein Kopf zuckt vorwärts, der Oberkörper folgt. Klose trifft, verliert das Gleichgewicht, geht vornüber in eine Art Liegestütz; eine Mischung aus Verneigung, Stolpern und Sprung. Sein Blick folgt dem Ball, der aufsetzt und auf einer geraden Bahn in Richtung der rechten Seite des Tores fliegt. Der Keeper der Saudis hechtet zum Pfosten, er macht sich lang, vergebens.

Als der Ball im Netz zappelt, ist Klose wieder auf den Beinen. Kein Salto; ein Luftsprung nur, dann Jubel mit ausgebreiteten Armen. Noch ein Sprung, dann ein gehauchter Kuss in die Kamera, gewidmet seiner Freundin. »Der Zarte«, wird ihn die *Bild*-Zeitung deshalb nennen. »Der Harte«, das ist für sie Jancker.

Zum ersten Mal an diesem Tag wird der Ball zurück zum Mittelkreis gebracht. Rudi Völler reißt die Arme hoch. Klose ballt die Siegerfaust und schreit in den Himmel. Die Mitspieler gratulieren ihm, Umarmungen mit Frings und Jancker. Der Anfang ist gemacht, die WM-Premiere perfekt: Miro Kloses erstes Tor. Das Erste Tor Klose.

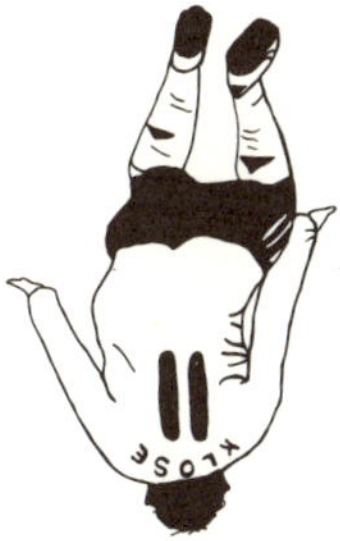

NTT

Das Tor

Deutschland–Saudi-Arabien 1:0
Minute 20.
Methode Kopfball
Vorlage Ballack

Torjubel Luftsprung, Lauf, gehauchter Kuss; Faust von unten mit Schrei
Zitat »Klose, Seiltänzer des neuen Deutschlands.« (Corriere della Sera, Italien)

Das Spiel

Deutschland–Saudi-Arabien 8:0 (4:0)
1. Spieltag WM 2002

Anstoß 1.6.2002, 13:30 Uhr
Stadion Sapporo Dome, Sapporo
Zuschauer 32 218

1:0 Klose (20.)
2:0 Klose (25.)
3:0 Ballack (40.)
4:0 Jancker (45.)
5:0 Klose (70.)
6:0 Linke (72.)
7:0 Bierhoff (84.)
8:0 Schneider (90.)

Chancen 11:1
Ecken 10:1

Deutschland Kahn – Linke, Ramelow (46. Jeremies), Metzelder – Frings, Schneider, Ballack, Hamann, Ziege – Klose (77. Neuville), Jancker (66. Bierhoff).
Trainer Völler

Saudi-Arabien Al-Daeyea – Ahmed Al-Dossary, Zubromawi, Tukar, Sulimani – Noor, Khamis Al-Dossari (46. Ibrahim Al-Sharani), Al-Temyat (46. Al-Khathran), Abdullah Al-Sharani – Al-Jaber, Al-Yami (76. A.J. Al-Dossari).
Trainer Al-Johar

Schiedsrichter Ubaldo Aquino (Paraguay)
Gelbe Karten Ziege, Hamann – Noor

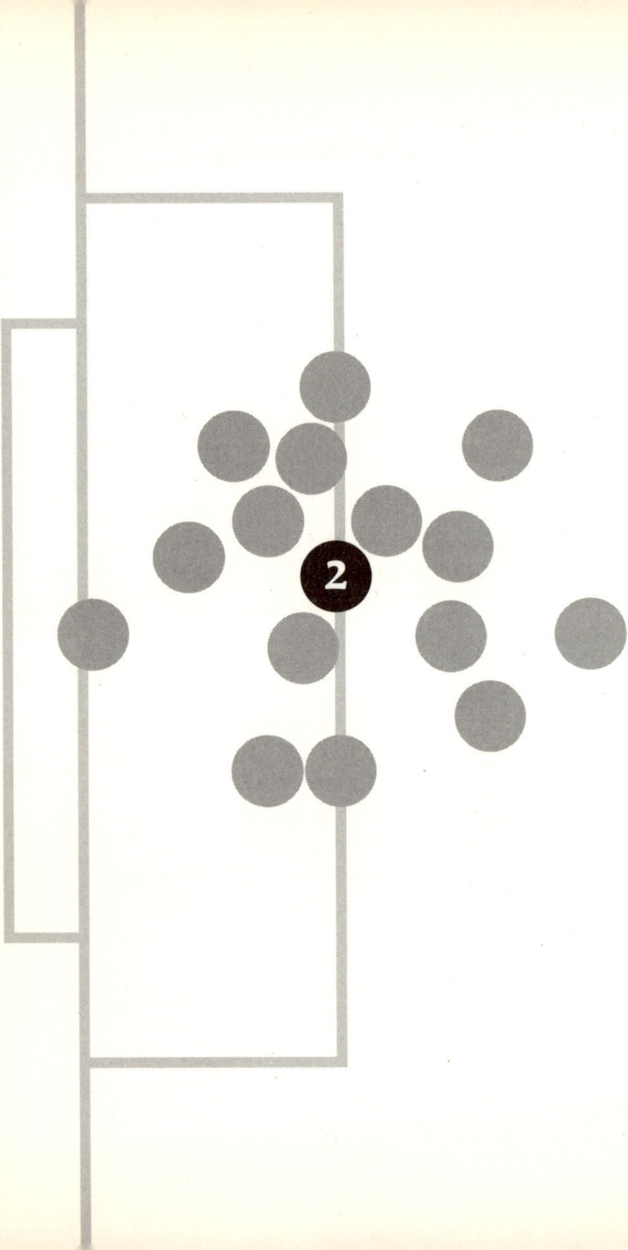

Das 2. Tor Klose

Deutschland – Saudi-Arabien	2	2:0 Kopfball

So bemerkenswert Kloses erstes WM-Tor war – es fehlte ein entscheidendes Element. Später erklärte der Torschütze, dass er sein Markenzeichen schlicht vergessen habe, überwältigt vom Augenblick und zu euphorisiert zum Turnen.

Möglicherweise war der Klose-Salto ihm noch nicht tief genug in Fleisch und Blut übergegangen. Schließlich schlug er ihn seit nicht einmal zwei Jahren, inspiriert durch einen Mannschaftskameraden bei der SG Blaubach-Diedelkopf, einstudiert nach einer Wette mit ebendiesem Mannschaftskameraden. Uraufgeführt am 20. Oktober 2000, nach dem 2:0 im Heimspiel des 1. FC Kaiserslautern gegen Werder Bremen, Kloses Bundesliga-Torpremiere. Auf die internationale Bühne gebracht nach Miroslav Kloses erstem Nationalmannschaftstreffer, dem 2:1 gegen Albanien am 24. März 2001.

Bis zum ersten Klose-Salto der WM-Geschichte sollten im Juni 2002 fünf weitere Minuten vergehen. Entspannte Minuten, was das Gruppenspiel gegen Saudi-Arabien betrifft: Passen. Warten. Passen. Warten. Ab und an Bewegung, die Gegner in respektvollem Abstand, die Bälle nach ein, zwei arabischen Ballkontakten meist schnell wieder bei Schwarz-Weiß. »Auswärtssieg, Auswärtssieg«, skandieren deutsche Fans, wenig später intonieren sie »Finale, oho«. Noch immer klingt es, als wären neben den Spielern höchstens 50 Menschen im Stadion – und nicht 32 000.

In der 25. Minute treibt ein mit Bedacht eingeleiteter Angriff über die linke Seite den Ball vom deutschen Strafraum fast auf dieselbe Position wie beim 1:0, zwischen linker Außenlinie und Strafraum. Wieder kontrolliert Michael Ballack den Ball, doch diesmal entscheidet er sich, bedrängt von einem Gegenspieler, für ein schnelleres Zuspiel mit dem linken Fuß. Schneller, doch nicht weniger präzise: Fast von der Grundlinie aus fliegt der Ball bis zur Mitte des Fünfmeterraums. Und Klose hebt ab.

»Bilderbuchtor«, lobt Kommentator Heribert Faßbender: »Da war der Salto fällig, ist doch klar.« Ob es saltowürdige und nicht saltowürdige Treffer gibt? Falls ja – die Saltowürdigkeit dieses Tores wäre schon durch die Flugphase des Schützen gerechtfertigt. Gut anderthalb Meter hoch steht Klose in der Luft, einen ganzen Oberkörper höher als sein Gegenspieler, mit gebeugten Knien und äußerster Körperspannung. Er wuchtet den Ball zum Tor und klappt wieder auseinander, noch immer weit weg vom Boden. Wieder lässt Klose dem saudischen Torwart keine Chance. 2:0. Kein Stolpern diesmal, kein Gleichgewichtsverlust und kein Blick zum Ball aus dem Liegestütz. Hätte es Wertungsrichter im Stadion gegeben, sie hätten die »10« zücken müssen.

Perfektes Tor, perfekter Salto? Was Start und Landung angeht, schon: Mühelos schraubt sich Klose in die Luft, mühelos steht er am Ende auf beiden Beinen. Zwölf Jahre später, bei WM-Tor Nummer 15 gegen Ghana, sollte das Ende bekanntlich weniger schmeichelhaft ausfallen.

Der Fluch des Autodidakten: Nach eigenen Angaben hat Miroslav Klose den Salto nicht im Turnverein gelernt, sondern auf einer selbstgekauften Matte in Eigenregie. Er hatte einfach so lange geübt, bis es endlich funktionierte. Reck-Weltmeister Fabian Hambüchen hatte 2012 prompt einen Rat für den DYI-Akrobaten: »Er muss beim Absprung die Arme hochziehen, dann sitzt er am Ende auch nicht auf dem Po.«

Die Arme hochziehen? Nicht unbedingt die erste Option für einen Fußballer, wenn er nicht gerade Tore mit der »Hand Gottes« erzielen möchte wie Diego Maradona. Wer genau hinsieht, bemerkt, dass Miro Klose zwar doch die Arme bewegt, den

Antrieb für seine Salti aber tatsächlich in der Hauptsache aus seiner Beinmuskulatur erzeugt. Er drückt sich ab wie ein Frosch, ein Floh oder eines dieser anderen bemerkenswerten Tiere, die im Verhältnis zu ihrer Körpergröße unfassbar weit und hoch springen.

Im Grunde könnte er während Sprung und Drehung noch die Arme verschränken oder im Flug ein »Selfie« von sich selbst aufnehmen - der Coolness-Faktor stiege ins Unermessliche. Aber für einen wie ihn wäre das wohl doch zu viel Show.

Das Prinzip Klose: Sprungkraft statt Schwungkraft. Keine »Tricks«, nichts, was Abheben und Drehung erleichtern würde. Mehr als eine Umdrehung ist so natürlich nicht drin. Selbst wenn er gewollt hätte, seinen Salto hätte Klose auf dieser Grundlage nur schwer weiterentwickeln können. Vielleicht passt seine Art des Fliegens deshalb so gut zum Sportler und Menschen Klose: Sie entspringt seiner eigenen Kraft.

Das Tor

Deutschland – Saudi-Arabien 2:0
Minute 25.
Methode Kopfball
Vorlage Ballack

Torjubel Salto im Strafraum,
sauber gestanden
Zitat »Deutschland macht Luftsprünge
mit Klose. Der neue Mann
des deutschen Fußballs.«
(Gazzetta dello Sport, Italien)

Das Spiel

Deutschland – Saudi-Arabien 8:0 (4:0)
1. Spieltag WM 2002

Anstoß 1. 6. 2002, 13:30 Uhr
Stadion Sapporo Dome, Sapporo
Zuschauer 32 218

1:0 Klose (20.)
2:0 Klose (25.)
3:0 Ballack (40.)
4:0 Jancker (45.)
5:0 Klose (70.)
6:0 Linke (72.)
7:0 Bierhoff (84.)
8:0 Schneider (90.)

Chancen 11:1
Ecken 10:1

Deutschland Kahn – Linke, Ramelow (46. Jeremies), Metzelder – Frings, Schneider, Ballack, Hamann, Ziege – Klose (77. Neuville), Jancker (66. Bierhoff).
Trainer Völler

Saudi-Arabien Al-Daeyea – Ahmed Al-Dossary, Zubromawi, Tukar, Sulimani – Noor, Khamis Al-Dossari (46. Ibrahim Al-Sharani), Al-Temyat (46. Al-Khathran), Abdullah Al-Sharani – Al-Jaber, Al-Yami (76. A.J. Al-Dossari).
Trainer Al-Johar

Schiedsrichter Ubaldo Aquino (Paraguay)
Gelbe Karten Ziege, Hamann – Noor

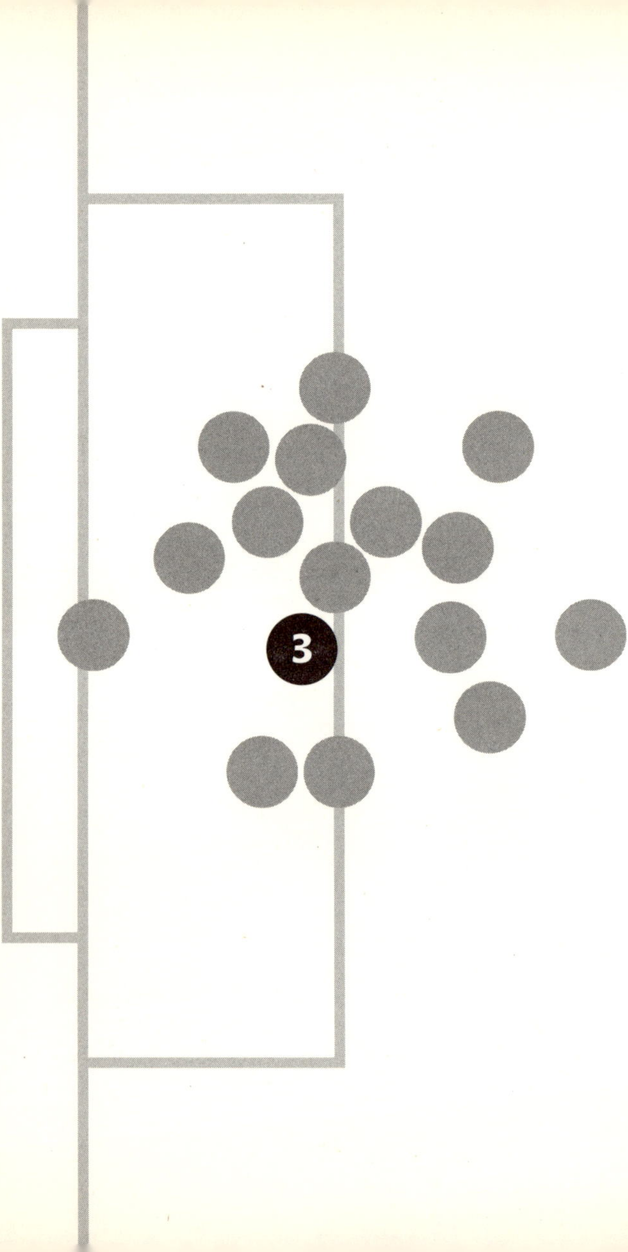
3

Das 3. Tor Klose

Deutschland – Saudi-Arabien	**3**	5:0 Kopfball

Wenn Journalisten nach Synonymen für das Schießen von Toren suchen, greifen sie früher oder später zur Verwandlung. Es wird verwandelt, was der Sprachbaukasten hergibt, gern »sicher«, nicht selten »souverän«, manchmal sogar »vorbildlich«. Vorlagen werden zu Toren, Eckbälle zu Führungstreffern und Freistöße zu Jubelstürmen.

Wer die berühmte Szene mit der Adrenalinspritze aus Quentin Tarantinos Film »Pulp Fiction« kennt, der weiß, was ein Tor mit einem Spiel machen kann: Die Injektion mitten ins Herz kann schlagartig neues Leben verleihen.

In seiner Karriere hat Miroslav Klose mehr Länderspiele verwandelt als irgendein anderes Mitglied der deutschen Nationalmannschaft. Selbst Gerd Müller, der »Bomber der Nation«, traf seltener: Am Ende der WM 2014 stand es 71 zu 68 für Klose.

Noch aber schreiben wir das Jahr 2002. Noch immer spielt Deutschland im ersten Gruppenspiel der Weltmeisterschaft 2002 gegen Saudi-Arabien. Längst ist das Spiel zu einer jener seltenen Partien geworden, die durch ein Tor nicht mehr zu verwandeln sind, allenfalls durch eine Serie von Eigentoren. Die erste Halbzeit war beim Stand von 4:0 abgepfiffen worden, Ballack und Jancker (nach eleganter Weiterleitung mit der Hacke durch Klose) waren die Schützen der Tore drei und vier, die saudischen Bemühungen haben nicht die geringste Aussicht auf Erfolg.

Die Uhr zeigt Spielminute 70, als Klose zum dritten Mal trifft: Nach schnellem Flügellauf über die rechte Seite flankt Bernd Schneider hoch in den Strafraum. Wieder ist Klose zur Stelle und köpft: 5:0. Nach 90 Minuten wird sich der Torestand sogar auf 8:0 erhöht haben, der höchste deutsche WM-Sieg aller Zeiten.

Das Spiel haben Kloses Tore diesmal nicht verwandelt. Dafür aber den Spieler. Sein Wesen, sein Talent, seine Spielweise - all das ist geblieben. Doch in der öffentlichen Wahrnehmung hat Miroslav Klose sich radikal verändert: drei Tore in einem Spiel! Schon werden die ersten Vergleiche mit Gerd Müller laut, der im Mai 1972 gegen die Sowjetunion sogar vier Tore am Stück geschossen hatte.

Der Mann, der vier Jahre zuvor noch in der Bezirksliga gespielt hatte: Plötzlich führte er die Torjägerliste der Fußball-Weltmeisterschaft an. Am Ende ging der »Goldene Schuh« für den erfolgreichsten Schützen 2002 an Ronaldo, der im Verlauf des Turniers achtmal traf (darunter zweimal im Endspiel gegen Deutschland).

Doch Miroslav Klose hatte sich mitten ins Herz der internationalen Fußball-Öffentlichkeit katapultiert. Auch das eine Art Absprung – zu einem Salto, der sich stets ums Toreschießen drehte und dessen Flugphase zwölf erfolgreiche Jahre lang anhalten sollte.

3
12

BIERHOFF
20

Das Tor

Deutschland – Saudi-Arabien 5:0
Minute 70.
Methode Kopfball
Vorlage Schneider

Torjubel Lockerer Lauf, beidhändiges Abklatschen und Umarmung mit Schneider
Zitat »Es war immer ein Traum von mir, bei einer WM dabei zu sein und eine wichtige Rolle zu spielen. Das ist mir gelungen.«
(Miroslav Klose)

Das Spiel

Deutschland – Saudi-Arabien 8:0 (4:0)
1. Spieltag WM 2002

Anstoß 1. 6. 2002, 13:30 Uhr
Stadion Sapporo Dome, Sapporo
Zuschauer 32218

1:0 Klose (20.)
2:0 Klose (25.)
3:0 Ballack (40.)
4:0 Jancker (45.)
5:0 Klose (70.)
6:0 Linke (72.)

7:0 Bierhoff (84.)
8:0 Schneider (90.)

Chancen 11:1
Ecken 10:1

Deutschland Kahn - Linke, Ramelow (46. Jeremies), Metzelder - Frings, Schneider, Ballack, Hamann, Ziege - Klose (77. Neuville), Jancker (66. Bierhoff).
Trainer Völler

Saudi-Arabien Al-Daeyea - Ahmed Al-Dossary, Zubromawi, Tukar, Sulimani - Noor, Khamis Al-Dossari (46. Ibrahim Al-Sharani), Al-Temyat (46. Al-Khathran), Abdullah Al-Sharani - Al-Jaber, Al-Yami (76. A.J. Al-Dossari).
Trainer Al-Johar

Schiedsrichter Ubaldo Aquino (Paraguay)
Gelbe Karten Ziege, Hamann - Noor

4

Das 4. Tor Klose

Deutschland – Irland	4	1:0 Kopfball

Neben vielem anderen ist Miroslav Klose auch ein Glücksbringer der deutschen Nationalmannschaft. In welchem Länderspiel er auch traf: Sein Team verlor nie. Höchstens gefühlt - wie an diesem 5. Juni im Prefectural Kashima Soccer Stadium Ibaraki.

Selbstverständlich war diese Serie 2002 noch nicht als solche erkennbar, und tatsächliche Relevanz hatte sie auch später nicht - wie so viele statistische Merkwürdigkeiten des Fußballs. Doch ihre ersten Grundlagen wurden in dieser Zeit gelegt.

Mit seinen drei Treffern gegen Saudi-Arabien setzte Miroslav Klose die taktische Marschrichtung des Boulevards nahezu vorbildlich um: »Rudi, haudi Saudi« hatte *Bild* zuvor gefordert. Zum Glück wurde die bizarre Wortmalerei kein Anlass für eine der fußballtypischen Gewaltdebatten.

Eher hatte Teamchef Völler es mit einer Euphoriedebatte zu tun: Trotz seiner Leitung hatten die wenigsten vor der WM viel erwartet von jenem Team, das sich erst zwei Jahre zuvor, bei der Europameisterschaft 2000, bis auf die Knochen blamiert hatte. Während andere Mannschaften, wie der Europameister Frankreich, für ihren »Hochgeschwindigkeitsfußball« neuer Prägung gefeiert wurden, fuhr die deutsche Elf unter »Sir« Erich Ribbeck, von Franz Beckenbauer und anderen als »Rumpelfüßler« verspottet, als Letzter der Vorrundengruppe A hinter Portugal, Rumänien und England vorzeitig nach Hause.

Acht Tore als Auftakt und ein Hoffnungsträger wie Miro Klose machten vor diesem Hintergrund einen gewaltigen Unterschied. Vor dem Eröffnungsspiel hätten skeptische Naturen selbst ein Unentschieden gegen Saudi-Arabien nicht ausgeschlossen. Immerhin waren Co-Trainer Skibbe und sein Chef von einer Erkundungsmission im Januar mit großem Lob zurückgekehrt: »Die Saudis sind sicher die stärkste Mannschaft im arabischen Raum. Das wird eine ganz harte Nuss«, so Skibbe.

Nach dem Eröffnungsspiel schien alles andere als ein souveräner Sieg gegen Irland schlagartig kaum mehr vorstellbar. Entsprechend groß war die Irritation, als die Gegenwehr weit intensiver ausfiel als gedacht. »Mehr als eine Viertelstunde vorbei«, konstatierte TV-Kommentator Béla Réthy, »und von der breiten Brust der Deutschen ist nicht viel zu spüren.«

Kurz danach flammten die Hoffnungen auf einen leichten Sieg wieder auf, und Miroslav Klose trug wesentlich dazu bei. Sein viertes Weltmeisterschaftstor stellt den Betrachter vor ein Huhn-Ei-Problem der besonderen Sorte: Hat nun Ballack den Ball so perfekt gepasst - oder hat Klose seinen Pass so perfekt antizipiert? War es schwerer, die Vorlage zu schießen - oder zu wissen, wo sie landen würde?

Das Kabinettstückchen, das die beiden in der 18. Minute dieses Vorrundenspiels gemeinsam aufführten, wirkt so mühelos, Kloses Treffer so folgerichtig, dass es lohnt, sich die Erstaunlichkeit des Geschehens noch einmal bewusst zu machen: Hier hat eben ein Mann aus vollem Lauf einem beweglichen Objekt A (nämlich einem anderen Mann) über weit mehr als 30 Meter Entfernung ein bewegliches Objekt B (nämlich den Ball) unter intuitiver Berücksichtigung von Laufgeschwindigkeit vA, möglicher Fluggeschwindigkeit vB, Windgeschwindigkeit vX und unzähligen anderen Faktoren dermaßen präzise vor die Stirn gezirkelt, dass das bewegliche Objekt A nur noch seine Höhe per Sprung anpassen musste, um Objekt B im unbeweglichen Objekt C (dem irischen Tor) unterzubringen. Was wiederum Objekt D (den irischen Keeper) zu einer unvorteilhaften Rolle rückwärts mit anschließender Schimpfkanonade vorwärts veranlassen sollte. Kurz gesagt: Flanke Ballack, Kopfball Klose – Tor.

Sollte der Weg ins Achtelfinale schon nach zwei Spielen geebnet sein? Lange sah es danach aus. Auch dank Oliver Kahn, der gegen die engagierten Iren mehrmals rettete, unter anderem mit einer kühnen Exkursion aus seinem Strafraum gegen den mutterseelenallein in Richtung Kasten rennenden Duff.

In der letzten Viertelstunde wechselte Rudi Völler drei Mal: Oliver Bierhoff kam für Carsten Jancker (75.), Marco Bode für Miroslav Klose (85.) und Jens Jeremies für Bernd Schneider (90.). Ob die Deutschen nun das Glück oder einfach nur die Konzentration verlassen hatte: In der 90 plus zweiten Minute, bei einem Angriff, von dem das ganze Stadion annahm, dass es der letzte der irischen Mannschaft sein würde, verlängerte Quinn einen unendlich langen hohen Verzweiflungsball aus der irischen Hälfte auf Robbie Keane. Der wiederum ließ sich die Gelegenheit nicht nehmen – und schob den Ball rechts an Kahn vorbei ins Tor.

1:1 in allerletzter Sekunde. Ein weiteres Spiel Zittern statt des sicher geglaubten Einzugs ins Achtelfinale. Ein Treffer, der vom Siegtor zum Retter eines Punktes geschrumpft war, und das in nicht einmal fünf Sekunden.

Als wollte er die Deutschen auch in akrobatischer Hinsicht übertrumpfen, feierte der erst

21-jährige Robbie Keane seinen Treffer mit einer explosiven Kombination aus Rad und anschließendem Purzelbaum. Es sah aus wie ein auf die Erde zurückgeholter Salto.

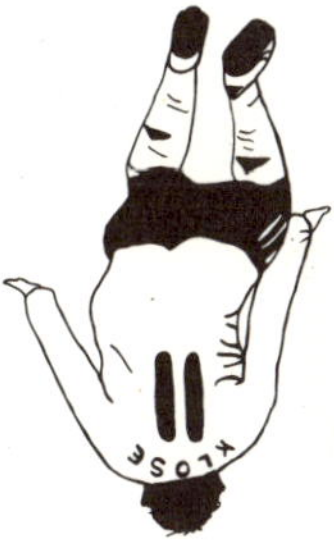

Das Tor

Deutschland – Irland 1:0
Minute 19.
Methode Kopfball
Vorlage Ballack

Torjubel Salto hinter der Torlinie, sauber gestanden; Luftsprung
Zitat »Wir sind aus der Kabine rausgekommen und haben im Hinterkopf gehabt, die 1:0-Führung so lange wie möglich über die Bühne zu bringen. Aber das war nicht der richtige Weg.« (Miroslav Klose nach dem 1:0 gegen Irland)

Das Spiel

Deutschland – Irland 1:1 (1:0)
2. Spieltag WM 2002

Anstoß 5.6.2002, 13:30 Uhr
Stadion Ibaraki Prefectural Kashima Soccer Stadium, Ibaraki
Zuschauer 35854

1:0 Klose (19.)
1:1 Keane (90.)

Chancen 5:6
Ecken 2:2

Deutschland Kahn – Linke, Ramelow, Metzelder – Frings, Schneider (90. Jeremies), Ballack, Hamann, Ziege – Klose (85. Bode), Jancker (75. Bierhoff).
Trainer Völler

Irland Given – Finnan, Staunton (87. Cunningham), Breen, Harte (74. Reid) – Gary Kelly (73. Quinn), Holland, Kinsella, Duff – Keane, Kilbane.
Trainer McCarthy

Schiedsrichter Kim Milton Nielsen (Dänemark)
Gelbe Karten keine

5

Das 5. Tor Klose

Kamerun – Deutschland	**5**	0:2 Kopfball

Auch im dritten Gruppenspiel der deutschen Nationalmannschaft traf Miroslav Klose: 2:0 gegen Kamerun. Sein fünftes Kopfballtor am Stück. Noch nie hatte es eine solche Serie bei einer WM-Endrunde gegeben.

Zeit, über ein heikles Thema zu sprechen, schon zur Beruhigung. Das liebste Universal-Fachblatt der Deutschen jedenfalls gibt Entwarnung: »Bei richtiger Ausführung machen Kopfbälle nicht dumm«, so die *Bild*-Zeitung 2012.

»Richtig«, das heißt: nicht mit der Schläfe, nicht mit dem Hinterkopf. Dann nämlich sorge die schwimmende Lagerung des Gehirns für Schutz, weil dessen umgebende Wasserschicht die auftretenden Kräfte dämpfe. Obwohl diese enorm sein können: »Beim Kopfball beschleunigt die große Masse Mensch die kleine Masse Ball und umgekehrt«, erklärt die *Zeit*. »Forscher der Wayne-State-Universität maßen dabei eine bis zu sechsmal so hohe Beschleunigung wie jene, die Kampfjetpiloten auszuhalten haben.«

Trotz dieser und anderer Untersuchungen gebe es »bislang keinen Beweis für einen kausalen Zusammenhang zwischen Kopfbällen und Veränderungen des Gehirns«, so die Radiologin Inga Körte in der *Frankfurter Allgemeinen Zeitung*. Die Psychologin Petra Jansen rät auf *Spiegel Online* zu behutsamer Dosierung: Gelegentliche Kopfbälle halte man schon aus, »man rennt ja auch mal gegen eine Tür. Auf das Denken bezogen könnte ein Spieler, der zweimal in der Woche Fußball spielt, auch mal mit dem Kopf an den Ball gehen. Aber wenn er über Jahre Fußball spielt, würde ich raten, Kopf und Fuß abzuwechseln.«

Kopf und Fuß abwechseln: 2002 gelingt das Klose nur als Vorbereiter. 50 Minuten sind gegen Kamerun gespielt, als er sich kurz hinter dem Mittelkreis per Zwischenspurt den Ball sichert; vor ihm drei, hinter ihm ein Kameruner Gegenspieler. Der Hintermann attackiert als Erster. Klose hält dagegen, schirmt den Ball ab, lässt ihn nicht vorbei. Sein Gegner verliert das Gleichgewicht, geht zu Boden, während Klose noch immer den Ball führt.

Der nächste Gegenspieler greift von vorne an. Klose geht links an ihm vorbei, holt mit dem linken Fuß aus – und spielt den Ball mit der Präzision eines Golfers beim Putten flach zwischen den beiden verbliebenen Gegenspielern hindurch in den Lauf von Marco Bode.

Während die Gegner sich umdrehen, hat Bode sich längst von ihnen gelöst und hält allein auf das Tor zu. Mit links schießt er am Kameruner Keeper vorbei ins rechte Eck. 1:0. Jubelnd hechtet er mit ausgebreiteten Armen bäuchlings auf den Rasen, ein »Diver«, wie Jürgen Klinsmann zu dessen Profi-Zeit in England.

Die Vorbereitung gegen Kamerun war Miroslav Kloses vielleicht schönstes WM-Solo. Ein spektakulärer Beweis dafür, dass der Killer-Instinkt des Vollstreckers sich bestens mit den technischen Qualitäten eines Zweikämpfers und Dribbelkünstlers verbinden lässt.

In der 79. Minute kehrt Klose in seine bekanntere Rolle zurück. In der Nähe des Mittelkreises spielt »Didi« Hamann einen Doppelpass mit Bernd Schneider, geht weiter nach vorn, übergibt an Michael Ballack an der Strafraumecke. Ballack nimmt Maß – und flankt in hohem Bogen zu Miroslav Klose. Der wiederum löst sich in der Nähe des Elfmeterpunktes so geschickt von seinen Gegnern, dass er weder im Abseits steht noch von irgendwem außer dem Kameruner Keeper gestoppt werden kann.

Kurz vor der Fünfmeterlinie springt Klose ab, bringt seinen Kopf hinter Ballacks Flanke und stößt ihn mit der Wucht einer Dampframme nach unten ins Kameruner Tor. Keeper Boukar, der einen hohen Ball erwartet hatte, taumelt in aufrechter Haltung rückwärts ins Netz.

2:0 für Deutschland. Frustriert gönnt sich Kameruns Trainer Winfried Schäfer einen Schluck Wasser aus der Flasche. Sein Team hätte gewinnen müssen, um weiterzukommen. In der ersten Halbzeit hatte es die Chancen dazu. Nun tendieren sie gegen null.

Miroslav Klose dagegen schreit mit weit aufgerissenen Augen und geballten Fäusten seine Freude heraus. Der Gruppensieg ist so gut wie sicher, die nächste Runde wartet. Dumm hat sein fünftes WM-Kopfballtor ihn nicht gemacht. Sondern glücklich.

In den folgenden Spielen steht Klose jeweils in der Startformation: 1:0 gegen Paraguay, 1:0 gegen die USA, 1:0 gegen Südkorea. Ein Treffer gelingt ihm nicht mehr. Auf die Klose-Show folgt die Kahn-Parade: knappe Siege dank titanenhafter Taten.

Miroslav Kloses erste Weltmeisterschaft endet wie seine letzte im Finale. Im Endspiel wäre ihm beinahe das 1:0 gelungen, doch Brasiliens Edmilson war einen Schritt zu schnell. Die erste Halbzeit endet 0:0 – die zweite 0:2. Urheber: Ronaldo, Torschützenkönig, in der Form seines Lebens. An diesem Tag sogar stärker als Oliver Kahn.

Machtlos muss Klose zusehen, wie »Il Fenomeno« seine Tore schießt und der Traum des deutschen Teams vom Pokal zerrinnt. Eines Tages sollten die Verhältnisse sich umkehren.

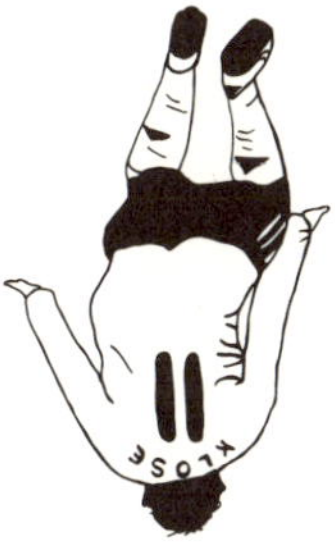

TOSH BA

Das Tor

Kamerun – Deutschland 0:2
Minute 79.
Methode Kopfball
Vorlage Ballack

Torjubel Lockerer Lauf, Luftsprung; doppelter Faustschüttler mit anschließendem Urschrei
Zitat »Die Fanpost geht ja direkt an den Verein. Aber wenn ich nach der WM wieder in Kaiserslautern bin, muss ich wahrscheinlich mit dem Lastwagen nach Hause fahren.«
(Miroslav Klose, ein Spiel später vor dem Viertelfinale der WM 2002)

Das Spiel

Kamerun – Deutschland 0:2 (0:0)
3. Spieltag WM 2002

Anstoß 11. 6. 2002, 13:30 Uhr
Stadion Shizuoka Stadium Ecopa, Shizuoka
Zuschauer 47 085

0:1 Bode (50.)
0:2 Klose (79.)

Chancen 5:6
Ecken 4:5

Deutschland Kahn – Linke, Ramelow, Metzelder – Frings, Schneider (80. Jeremies), Ballack, Hamann, Ziege – Klose (84. Neuville), Jancker (46. Bode).
Trainer Völler

Kamerun Boukar – Geremi, Song, Kalla, Tchato (53. Suffo) – Lauren, Foé, Wome, Olembe (64. Komé) – Eto'o, Mboma (80. Job).
Trainer Schäfer

Schiedsrichter Antonio Lopez Nieto (Spanien)
Gelbe Karten Jancker, Hamann, Ballack, Kahn, Frings, Ziege/Foé, Geremi, Song, Tchato, Olembe, Lauren
Gelb-Rote Karten Ramelow (Deutschland, 40.) und Suffo (Kamerun, 78.) nach wiederholtem Foulspiel

6

Das 6. Tor Klose

Deutschland – Costa Rica

6

2:1 Linksschuss

Wenn das auf einer dieser Bildplatten gelandet wäre, die an Bord von Weltraumsonden von der Menschheit künden! Die Eröffnungsfeier der Fußball-Weltmeisterschaft 2006 besticht aus heutiger Sicht durch Szenen von bemerkenswerter Schrulligkeit.

Zu Beginn trommeln gut 300 in präzisem Abstand positionierte Duracellmännchen in Lederhose paramilitärische Rhythmen. Eine Trachtengruppe sprengt durch ihre Mitte und lässt überdimensionale Peitschen knallen. Auf den nicht Eingeweihten muss das recht eigen gewirkt haben – bizarr, aber nicht unsympathisch, ein Hauch von »Die Welt zu Gast bei Freaks« statt des freundlich-glatten WM-Mottos »Die Welt zu Gast bei Freunden«. Anschließend setzen die Berliner Dancehall-Giganten Seeed einen wirkungsvollen Kontrast.

Die Stimmung in der ausverkauften »Allianz Arena« ist bestens. Nicht einmal FIFA-Boss Blatter wird ausgepfiffen, als er neben Bundespräsident Köhler den Rasen betritt - aus heutiger Sicht vielleicht das Befremdlichste an diesem Abend. Nur Köhlers Dank an die Funktionäre des Weltfußballverbandes für »das Vertrauen, das sie in Deutschland gesetzt haben« wird mit vernehmlichen »Pfui«- und »Buh«-Rufen bedacht. Franz Beckenbauer dagegen bekommt heftigen Applaus, obwohl er - schließlich ist dies sein »Heimspiel« - nicht mit dem berühmten Kaiser-Helikopter vom Himmel schwebt, mit dem er sämtliche WM-Spiele zu besuchen gedenkt. »Wir wünschen uns spannende Spiele, viele Tore und Fair Play«, ruft Köhler. »Möge der Fußball die Völker verbinden!«

»Jetzt geht's lohos!«, skandiert die Menge. Claudia Schiffer und Pelé bringen den Weltmeisterpokal. Herbert Grönemeyer findet, es werde Zeit, dass sich etwas drehe, und singt seine WM-Hymne auch auf Englisch als »Celebrate the Day«. Grotesk überzeichnete Symbolfiguren betreten als Sinnbilder der Teilnehmernationen den Rasen. Sie haben riesige Reifröcke um ihre Hüften. Als sie später an Drahtseilen in die Luft gehievt werden, sieht es aus, als schwebten gigantische Eierwärmer über dem Rasen des Münchner »Schlauchboots« mit seiner hypermodernen Gummifassade.

Irgendwann ist die Zeremonie vorbei, und die Mannschaften Deutschlands und Costa Ricas erwarten die Nationalhymnen. Das Bevorstehende ist in Deutschlands Medien mit Skepsis prognostiziert worden. Zu wechselhaft war die Vorbereitung: 3:0 gegen Kolumbien, aber 2:2 gegen Japan. 4:1 gegen die USA, aber 1:4 gegen Italien. Jürgen Klinsmanns offensive Spielphilosophie, mit wenigen Kontakten direkt in die Spitze, gilt noch immer als Experiment, als potenzielle Überforderung für die als »Rumpelfüßler« verschrienen Deutschen.

Und dann? Stehen die Fanfeste im Land schon nach wenigen Minuten kopf. Es ist die erste Weltmeisterschaft mit massenhaften »Public Viewings«. Geschaut wird bevorzugt unter freiem Himmel und in der Gruppe; die größten Fanmeilen am Brandenburger Tor und auf dem Hamburger Heiligengeistfeld werden im Verlauf des Turniers insgesamt von mehreren Millionen Fans besucht. Wenn auch das Fahnenmeer vor diesem ersten Spiel noch lange nicht die später von Kritikern als »Schland«-Exzess gegeißelten Dimensionen angenommen hat: Die Erwartungen sind groß. Mehr Stimmen als früher singen die Nationalhymne mit.

In der sechsten Minute kämpft sich Philipp Lahm bis zur linken Strafraumecke vor und zirkelt den Ball quer durch den Sechzehnmeterraum in den rechten Winkel: 1:0. In der zehnten Minute scheitern Klose und Schneider im Zehn-Sekunden-Abstand am costa-ricanischen Keeper. Ein Schützenfest scheint sich abzuzeichnen. Doch statt des 2:0

folgt das 1:1. Die Abseitsfalle misslingt, Wanchope steht allein vor Lehmann und lässt ihm keine Chance. Ernüchterung. Bis Klose kommt.

In der 17. Minute schlägt Bernd Schneider, an diesem Tag Kapitän statt des verletzten Ballack, einen flachen Pass von der rechten Eckfahne zurück an die Mitte der Strafraumgrenze. Bastian Schweinsteiger sieht Klose auf den linken Rand des Fünfmeterraums zurennen, löst sich in der Vorwärtsbewegung von seinem Gegenspieler und passt quer. Klose schießt aus drei Metern flach und gerade ins linke Tor-Eck - drin.

Das 2:1 gegen Costa Rica ist Miroslav Kloses erster WM-Treffer mit dem Fuß. Dem linken sogar, dessen besonderes Training angeblich mit einem Sportlehrer begann, der Klose nur noch mit seinem schwächeren Fuß schießen ließ, damit er die Mitschüler nicht so frustrierte.

Kniend sieht Klose den Ball einschlagen. Er steht auf und rennt, sein Jubel wirkt verhalten. Obwohl dies sein schönstes Geburtstagsgeschenk sein muss, denn an diesem 9. Juni ist er 28 Jahre alt geworden.

Vielleicht ahnt er, dass dieses Spiel noch die eine oder andere Überraschung birgt.

Das Tor

Deutschland – Costa Rica 2:1
Minute 17.
Methode Linksschuss
Vorlage Schweinsteiger

Torjubel Lockerer Trab
aus dem Strafraum mit anschließender
Doppelfaust von unten
Zitat »Miroslav Klose
wurde zum Mann des Tages.«
(Aftonbladet, Schweden)

Gillette

AVAYA
11

Das Spiel

Deutschland – Costa Rica 4:2 (2:1)
1. Spieltag WM 2006

Anstoß 9.6.2006, 18:00 Uhr
Stadion Allianz-Arena, München
Zuschauer 66000

1:0 Lahm (6.)
1:1 Wanchope (12.)
2:1 Klose (17.)
3:1 Klose (61.)
3:2 Wanchope (73.)
4:2 Frings (87.)

Chancen 11:3
Ecken 7:3

Deutschland Lehmann – Friedrich, Mertesacker, Metzelder, Lahm – Schneider (90.+1 Odonkor), Frings, Borowski (72. Kehl) – Klose (79. Neuville), Podolski.
Trainer Klinsmann

Costa Rica Porras - Umana, Sequeira, Marin - Martinez (67. Drummond), Solís, (78. Bolanos), Fonseca, González - Centeno, Gomez (90.+1 Azofeifa) - Wanchope.
Trainer Guimaraes

Schiedsrichter Elizondo (Argentinien)
Gelbe Karte –/Fonseca

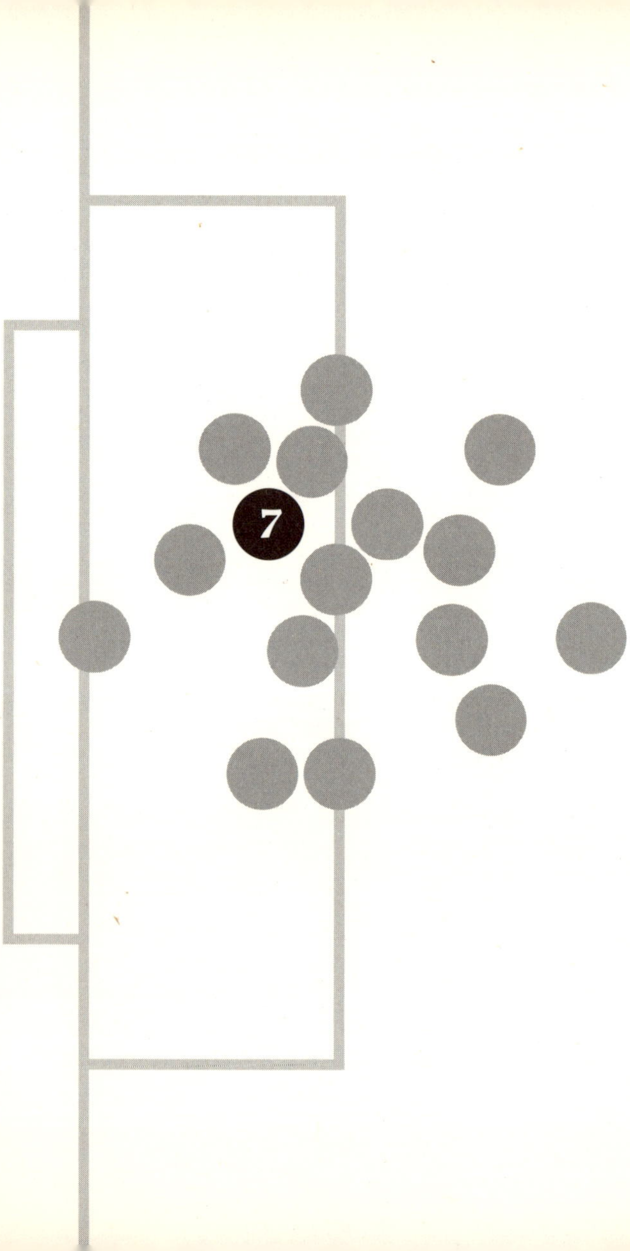
7

Das 7. Tor Klose

Deutschland – Costa Rica	7	3:1 Rechtsschuss

Kloses Führungstreffer mochte zur allgemeinen Erleichterung beigetragen haben – doch im Spiel führte er eher zu einer Entschleunigung. Zu selten gelang ein kühner Pass in die Spitze, zu oft rollte das Leder quer.

Costa Rica brachte die deutsche Defensive wiederholt ins Schwimmen. »Klinsmann hat offenbar so erfolgreich seine Hurra-Fußball-Predigt gehalten, dass auch die Mannschaft nicht mehr daran dachte, dass zu einem erfolgreichen Fußball nicht nur stürmen, sondern auch verteidigen gehört«, stänkerte *Zeit*-Redakteur Christoph Amend und wünschte sich Guido Buchwald und »Eisen-Dieter« Eilts zurück.

Mit 2:1 ging es in die Kabine. Und der Schwung schien eher ab- als zuzunehmen. Bis zur 61. Minute: Mutterseelenallein nutzt Philipp Lahm den weiten Raum links neben der Strafraumgrenze und flankt hoch und quer vors Tor, leicht abgefälscht durch ein costa-ricanisches Bein. Zwei Meter von der rechten Ecke des Fünfmeterraums entfernt wirft sich Miroslav Klose in den Ball, beschleunigt ihn per Kopf in Richtung Kasten, läuft ihm strauchelnd einige Schritte nach.

Der Ball trifft den gegnerischen Keeper am rechten Pfosten, doch er kann ihn nicht halten – und es zeigt sich, welch entscheidenden Unterschied diese wenigen stolpernden Schritte nach dem Kopfball darstellen. Denn durch sie ist Klose jetzt mitten im Elfmeterraum, genau in der Bahn des abprallenden Balls. Aus nächster Nähe sieht der geschlagene Torwart Klose abziehen. Sitzend, wie ein Zuschauer im Kino. Und kann dem Ball nur noch hinterherschauen, der über ihn hinweg ins Netz fliegt.

Das 3:1 durch Miroslav Klose: ein Lob des Dranbleibens. Und ein Beweis mehr dafür, dass es für einen erfolgreichen Stürmer nicht nur darum geht, richtig zu stehen. Sondern sich nach dem Schuss auch richtig weiterzubewegen.

Der Schlusspunkt ist damit nicht gesetzt: Zwar spielen die Deutschen nach der Vorentscheidung befreiter auf – doch Wanchope lässt in der 73. Minute mit dem 3:2 noch einmal Spannung aufkommen. Bis Frings in der 87. Minute nach Vorlage von Schweinsteiger für den Endstand sorgt.

Deutschland - Costa Rica 4:2. Es war das torreichste Eröffnungsspiel der WM-Geschichte, und ein Drittel der Treffer kam von Miroslav Klose. Trotz zwischenzeitlicher Schwierigkeiten hörten Fußballromantiker kaum noch Rumpeln in diesem Fußball. Sondern ein Singen.

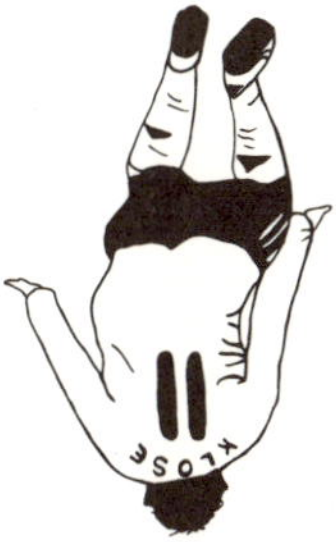

FONSECA D.
6

DFB

Das Tor

Deutschland – Costa Rica 3:1
Minute 61.
Methode Rechtsschuss
Vorlage Lahm

Torjubel Lockerer Trab hinter der Torauslinie; Bekreuzigen und Kuss des Eherings
Zitat »So ungefähr habe ich mir den Tag heute vorgestellt.«
(Geburtstagskind Miroslav Klose nach dem Spiel gegen Costa Rica)

Das Spiel

Deutschland – Costa Rica 4:2 (2:1)
1. Spieltag WM 2006

Anstoß 9.6.2006, 18:00 Uhr
Stadion Allianz-Arena, München
Zuschauer 66 000

1:0 Lahm (6.)
1:1 Wanchope (12.)
2:1 Klose (17.)
3:1 Klose (61.)
3:2 Wanchope (73.)
4:2 Frings (87.)

Chancen 11:3
Ecken 7:3

Deutschland Lehmann - Friedrich, Mertesacker, Metzelder, Lahm - Schneider (90.+1 Odonkor), Frings, Borowski (72. Kehl) - Klose (79. Neuville), Podolski.
Trainer Klinsmann

Costa Rica Porras - Umana, Sequeira, Marin - Martinez (67. Drummond), Solís (78. Bolanos), Fonseca, González - Centeno, Gomez (90.+1 Azofeifa) - Wanchope.
Trainer Guimaraes

Schiedsrichter Elizondo (Argentinien)
Gelbe Karte –/Fonseca

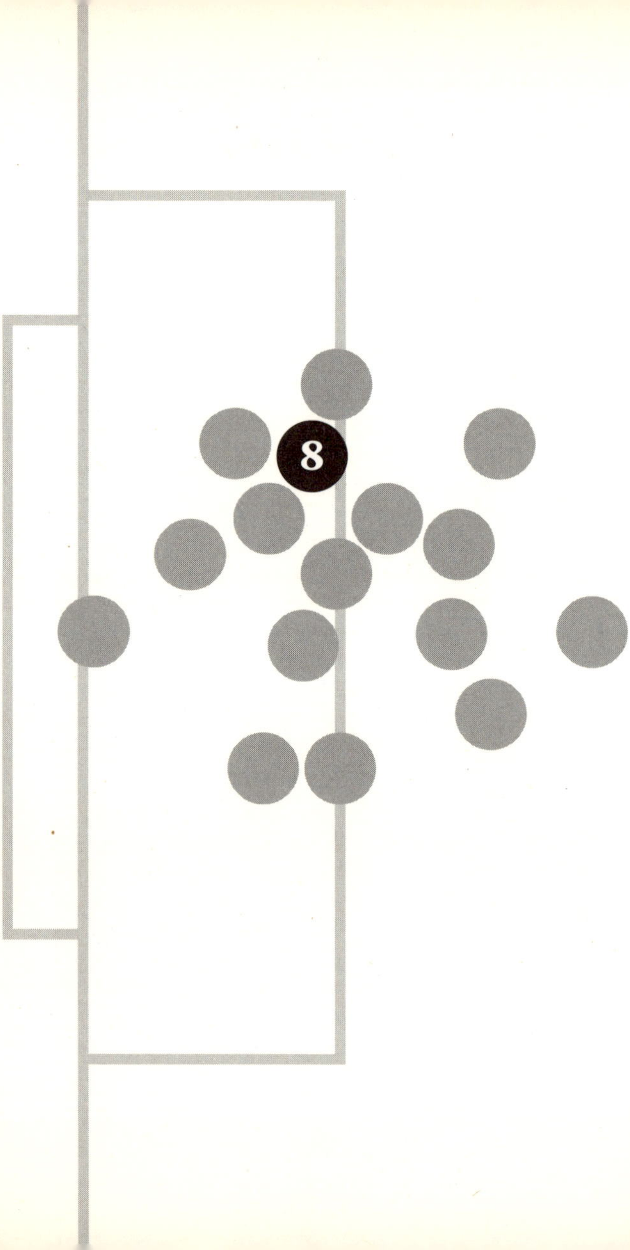
8

Das 8. Tor Klose

Ecuador – Deutschland	8	0:1 Rechtsschuss

»Ausgerechnet«: Noch so ein Lieblingswort des Sportjournalismus. Der verbale Marker für merkwürdige Zufälle, ungeahnte Bezüge, überraschende Zusammenhänge. Für alles also, was sich nicht ausrechnen lässt.

So wie die Tatsache, dass Miroslav Klose, gegen Costa Rica herausragend, gegen sein Geburtsland Polen eine vergleichsweise unauffällige Rolle spielte (wenn auch keinesfalls eine schlechte). In der 21. Minute köpfte er am Tor vorbei, in der 75. wurde er durch Sobolewski so rüde gehalten, dass dieser die Gelb-Rote Karte kassierte. Klose ackerte und wühlte, rannte und flankte, in einer Begegnung, die mehr und mehr zum Spiel auf ein Tor zu werden schien: 12 zu 1 Chancen, 10 zu 4 Ecken.

Die Spannung im Westfalenstadion und an den Bildschirmen war unerträglich. Doch den Ausschlag gab diesmal nicht der Torinstinkt Kloses, sondern eine kluge Einwechslung Klinsmanns: In der 63. Minute kam David Odonkor für Arne Friedrich. Der Mann also, der sich in der Nachspielzeit mit einem unwiderstehlichen Solo über den rechten Flügel bis zur Grundlinie durchsetzte und von dort quer auf Oliver Neuville flankte. 1:0. Entscheidung in letzter Sekunde: Einer der emotionalsten Momente im Fußball. Dass keiner der 16 WM-Treffer Miroslav Kloses in der Schlussminute fiel, wirkt angesichts seines Gespürs für perfektes Timing fast erstaunlich. Am nächsten kam so einem Last-Minute-Tor sein 1:1 gegen Argentinien im Viertelfinale - doch davon wird später zu reden sein.

Nach dem 1:0 gegen Polen war der Achtelfinal-Einzug für die deutsche Nationalmannschaft sicher: 5:2 Tore, 6 Punkte; Polen und Costa Rica hatten ihre beiden ersten Spiele jeweils verloren und konnten den Abstand nicht mehr aufholen. Und doch präsentierte die Tabelle ein ungeahntes Bild: Auf Platz eins stand nicht etwa der hoch favorisierte Gastgeber - sondern Ecuador. Wasser auf die Mühlen der Klinsmann-Kritiker. Während Deutschland zwei Gegentreffer kassiert hatte, war die ecuadorianische Weste blütenrein. 5:0 Tore, 6 Punkte. Das eigentlich bedeutungslose Vorrundenspiel gewann durch diese Konstellation deutlich an Relevanz, denn der Gruppensieg bedeutete mehr als Prestige: Wer auf dem ersten Platz der Gruppe A stand, würde im Achtelfinale »nur« auf den Zweiten der Gruppe B treffen, nicht auf den Ersten, der voraussichtlich England sein würde.

Eine ungewohnte Situation vor dem Spiel: Miroslav Klose machte Schlagzeilen. Und zwar nicht durch Tore, sondern wegen eines Streits. Anlässe wie dieser sind in der Karriere des zurückhaltenden Stürmers derart selten, dass sie, wenn es einmal so weit ist, umso intensiver die Runde machen. Und so fachsimpelten selbst die Kommentatoren des englischen Senders ITV in ihrem Spielbericht über das angebliche »Zerwürfnis« zwischen Klose und Podolski, der polnischstämmigen Doppelspitze, deren blindes Verständnis oft gelobt wurde und die sich auf dem Platz gern auf Polnisch verständigte.

Die deutschen Medien wussten mehr: Klose als »Seniorpartner« habe Podolski darauf hingewiesen, dass seine Aufgabe nicht nur im Erzielen von Toren bestünde, und von diesem mehr Laufbereitschaft gefordert. Eine »positive Kritik«, so Klose später. Vor dem Anpfiff war der Miniaturstreit angeblich bereits erledigt, und auf dem Rasen war von ihm nichts mehr zu spüren.

Ebenso wenig wie von einer zweiten, länger anhaltenden Medienstory: Der Behauptung, Klose träfe nur gegen die Kleinen. Nationalmannschafts-

Auftakttreffer gegen Albanien. Drei Tore gegen Saudi-Arabien. Eins gegen Irland, eins gegen Kamerun und vier Jahre später zwei weitere gegen Costa Rica: Keines dieser Tore war unwichtig, und doch schaffte die »Klose und die Kleinen«-Perspektive es, diesen Erfolgen einen Hauch von Makel zu verleihen, ein »Ja, aber«, wie ein grauer Schleier über einem ansonsten fast perfekten Bild.

Klose ließ sich dadurch nicht beirren – und traf auch gegen Ecuador. Obwohl deren Team im Vergleich zu Größen wie Brasilien und Argentinien weithin als »kleine« Mannschaft eingeschätzt wurde, Gruppenführung hin, Gruppenführung her. Schon nach dreieinhalb Minuten war es so weit.

Mit einem Pass über gut 20 Meter schlägt Schneider den Ball von der linken Außenseite ins Herz des ecuadorianischen Strafraums. Per Mertesacker nimmt den Ball an der linken Ecke des Fünfmeterraums an und schlenzt ihn parallel zur Torlinie weiter. Blitzschnell stößt Bastian Schweinsteiger in die Leere auf der anderen Seite des Strafraums, passt den Ball aus der Drehung zurück zu Klose. Und der schießt mustergültig platziert mit seinem rechten Fuß vom Fünfmetereck in die linke Seite des Tores.

Es war Miroslav Kloses drittes Tor bei der WM 2006, sein achtes Weltmeisterschaftstor insgesamt – und auch wenn es gegen einen »Kleinen« war, Klose feierte es mit einem perfekt gestandenen Salto. Wahrscheinlich ahnte er, dass die ganz großen Aufgaben schon noch kommen würden.

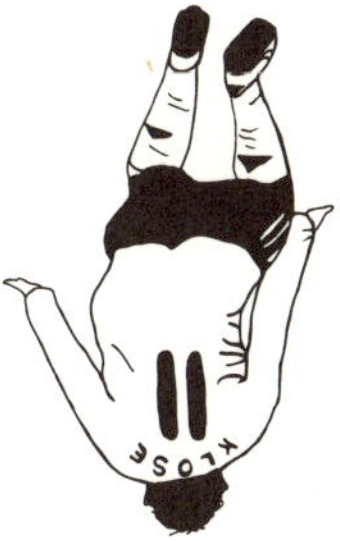

E. TENORIO
20

KLOSE
11

Das Tor

Ecuador – Deutschland 0:1
Minute 4.
Methode Rechtsschuss
Vorlage Schweinsteiger

Torjubel Spurt aus dem Strafraum, perfekt gestandener Klose-Salto und Faust von unten
Zitat »Kaninchen Lahm, Kronhirsch Ballack, Wildschwein Schweinsteiger, Puma Klose.« (Svenska Dagbladet, Schweden)

Das Spiel

Ecuador – Deutschland 0:3 (0:2)
3. Spieltag WM 2006

Anstoß 20. 6. 2006, 16:00 Uhr
Stadion Olympiastadion, Berlin
Zuschauer 72 000

0:1 Klose (4.)
0:2 Klose (44.)
0:3 Podolski (57.)

Chancen 3:8
Ecken 5:2

Ecuador Mora – De la Cruz, Guagua, Espinoza, Ambrossi – Mendez, Ayovi, Edwin Tenorio, Valencia – Borja (46. Benitez), Kaviedes.
Trainer Suarez

Deutschland Lehmann – Friedrich, Mertesacker, Huth, Lahm – Schneider (73. Asamoah), Frings, Ballack, Schweinsteiger (66. Borowski) – Klose (66. Neuville), Podolski.
Trainer Klinsmann

Schiedsrichter Iwanow (Russland)
Gelbe Karten Valencia/Borowski

9

Das 9. Tor Klose

Ecuador – Deutschland

9

0:2 Rechtsschuss

Bei vielen der schönsten Tore ist nicht nur der Abschluss, sondern auch die Vorbereitung außergewöhnlich. Technik, Timing und Position verbinden sich zu einer perfekten Einheit. Wer einen dieser vollkommenen Fußball-Momente miterlebt, weiß: Die kleinste Abweichung hätte zu einem anderen Ergebnis geführt. Gerade das macht den Augenblick so einmalig. Zeitlupe sei Dank lässt er sich bewundern, wieder und wieder. Doch nachspielen lässt er sich nicht.

So wie an diesem 20. Juni im Berliner Olympiastadion. 42 Minuten und 55 Sekunden sind gespielt, als Bastian Schweinsteiger etwa fünf Meter vom Mittelkreis entfernt einen flachen Pass auf den weiter vorne stehenden Michael Ballack schlägt. Der wiederum sieht drei ecuadorianische Gegenspieler vor sich – mitten unter ihnen

Miroslav Klose, nah am Tor und doch nicht im Abseits.

Ballack wartet einen verlängerten Wimpernschlag lang, geht vier kurze Schritte nach vorn – und lupft den Ball gefühlvoll über den nächststehenden Gegner vor ihm, direkt in die Laufbahn des startenden Klose. Dessen Antritt wiederum ist dermaßen explosiv, dass er in Sekundenbruchteilen die Strafraumgrenze erreicht, vor sich nur noch den herauseilenden Torwart.

Der Ball springt auf. Ein Ecuadorianer versucht, Klose von hinten zu attackieren. Doch der schirmt den Ball geschickt mit seinem linken Bein ab, umkurvt den Torwart mit einer schnellen, mühelos scheinenden Bewegung, setzt dem Ball nach, schiebt ihn aus etwa drei Metern mit rechts in Richtung des leeren Tores und dreht ab.

Der konsternierte ecuadorianische Torwart kniet im Strafraum und blickt dem Ball nach. Klose breitet die Arme aus, bekreuzigt sich im Trab hinter der Torauslinie, küsst seinen Ehering und klatscht etwas später lässig einige Mannschaftskameraden ab.

Jürgen Klinsmann und sein Co-Trainer Jogi Löw jubeln eher andächtig als explosiv, einige Sekunden nur, Arm in Arm in ihren schwarzen Polohemden. Es steht 2:0 für Deutschland. Von Schweinsteigers Pass bis zum Kreuzen der Torlinie sind gerade einmal acht Sekunden vergangen.

Tor Nummer drei fällt nach klassischem Konter durch eine Koproduktion von Schneider und

Podolski. »Das ist göttlich, das ist wunderbar«, jubelt Kommentator Reinhold Beckmann. Auch Klose gratuliert. Er war an dem Treffer beteiligt, denn nach der rustikalen Balleroberung durch eine Grätsche von Robert Huth hatte er mit einem klugen Pass auf Schweinsteiger den Konter eingeleitet. Spielminute 57 - diesmal waren es elf Sekunden bis zur Seligkeit.

Deutschland wird mit 8:2 Toren und 9 Punkten Gruppensieger, Ecuador Zweiter. Beim Abpfiff zieht Beckmann das kürzestmögliche Fazit: »Aus - vorbei - eindrucksvoll!«

Das Tor

Ecuador – Deutschland 0:2
Minute 44.
Methode Rechtsschuss
Vorlage Ballack

Torjubel Lässiger Lauf mit ausgebreiteten Armen und gestreckten Zeigefingern hinter der Torauslinie; Bekreuzigen und Kuss des Eherings
Zitat »Wer mich kennt, weiß, dass ich noch nicht am Ziel bin. Ich habe bei dieser WM noch viel vor.« (Miroslav Klose nach dem Spiel gegen Ecuador)

Das Spiel

Ecuador – Deutschland 0:3 (0:2)
3. Spieltag WM 2006

Anstoß 20. 6. 2006, 16:00 Uhr
Stadion Olympiastadion, Berlin
Zuschauer 72 000

0:1 Klose (4.)
0:2 Klose (44.)
0:3 Podolski (57.)

Chancen 3:8
Ecken 5:2

Ecuador Mora – De la Cruz, Guagua, Espinoza, Ambrossi – Mendez, Ayovi, Edwin Tenorio, Valencia – Borja (46. Benitez), Kaviedes.
Trainer Suarez

Deutschland Lehmann – Friedrich, Mertesacker, Huth, Lahm – Schneider (73. Asamoah), Frings, Ballack, Schweinsteiger (66. Borowski) – Klose (66. Neuville), Podolski.
Trainer Klinsmann

Schiedsrichter Iwanow (Russland)
Gelbe Karten Valencia/Borowski

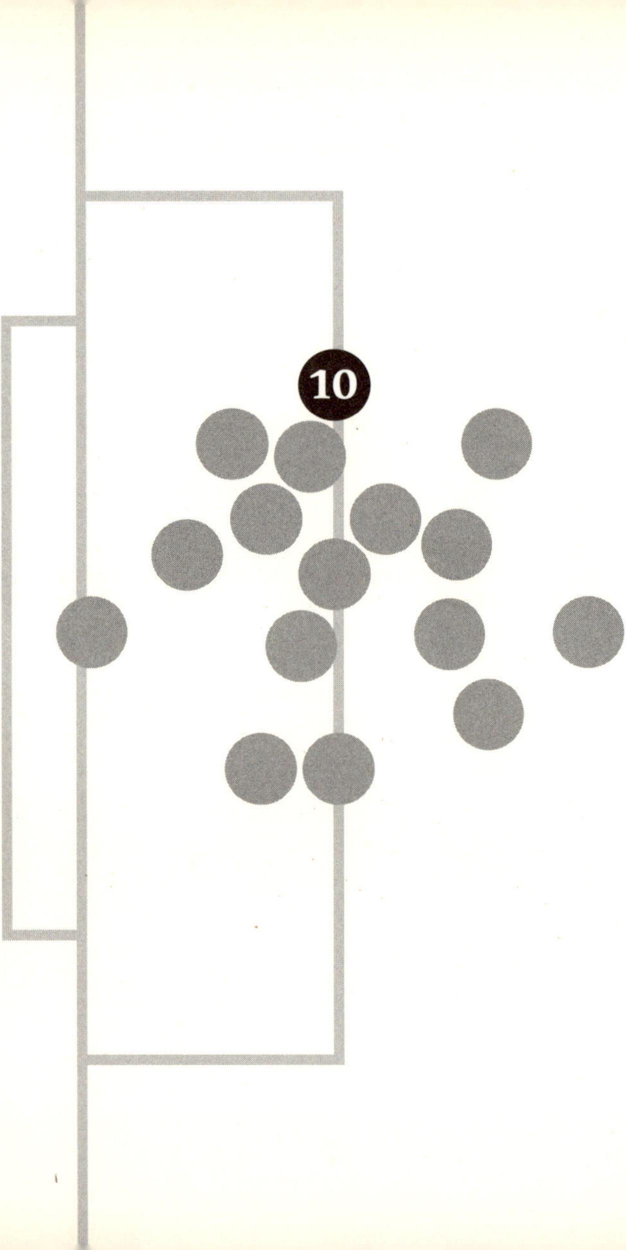
10

Das 10. Tor Klose

Deutschland – Argentinien **10** 1:1 Kopfball

Im Achtel- und Viertelfinale der Fußball-WM 2006 machte Miroslav Klose zwei seiner besten Spiele im schwarz-weißen Dress. Erst Schweden, dann Argentinien: zwei Spiele, die einander zum Gesamtkunstwerk ergänzen mit allem, was den Fußball ausmacht. Dass Fußball Tanzen ist und Kämpfen, Rausch und Kalkül, Leichtigkeit und Verbissenheit - zusammen ist es diesen beiden Partien eingeschrieben.

Das Achtelfinale gegen Schweden blieb ohne Klose-Treffer. Dennoch war die Fachwelt sich später einig, dass Klose der »Man of the Match« gewesen sei; immer ansprechbar, immer in Bewegung, offensiv wie defensiv.

Schon in der vierten Minute hätte er beinahe selbst getroffen, doch Keeper Isaakson wirft sich in seinen Weg. Den Abpraller schießt Lukas Podolski schnurgerade und flach in die Mitte des schwedischen Tores, vorbei am herausgestürzten Torwart.

Es war der erste Höhepunkt einer Begegnung von solcher Rasanz, dass ihr Fahrtwind noch Tausende von Kilometern entfernt zu spüren war. Kleine Druckwellen aus den großen und kleinen Screens der Public Viewings, aus Millionen von Bildschirmen in Restaurants und Straßencafés, Kneipen und Partyräumen, auf Terrassen und an Wohnzimmerwänden.

Flachbildschirmen übrigens, jedenfalls zum großen Teil: Das Jahr des vielzitierten »Sommermärchens« war in Deutschland das erste, in dem mehr flache Geräte als herkömmliche Röhrenfernseher verkauft wurden. Die Elektronikfachmärkte jubelten, die Nachbarschaftskonkurrenz hatte ein neues Statussymbol.

Wie der erste war auch der zweite Treffer eine Klose-Podolski-Koproduktion, und das nur acht Minuten später: Gleich drei Mann lässt Miroslav Klose stehen und spielt Podolski mustergültig frei. Der wiederum trifft mit links aus 15 Metern ins linke Eck. 2:0, der Endstand.

Der nächste Gegner hieß Argentinien, und es wirkte, als käme nun der Ernst des Lebens. Zwar ließ Trainer Pekerman sein 19-jähriges Talent Lionel Messi auf der Bank, doch konnte er mit Hernan Crespo, Juan Riquelme und Carlos Tevez drei gefürchtete Offensivkräfte aufbieten. Vor allem aber verfügte er über ein ehrfürchtig bestauntes Abwehrgefüge um Juan Pablo Sorín und Juan Mascherano. Das ruhmlose Aus als Vorrundendritter bei der WM 2002 steckte Spielern und Fans der »Albiceleste« vier Jahre später noch in den Knochen. Umso wichtiger das Weiterkommen gegen diese seltsam beschwingten Deutschen, die verblüffende Elf-Mann-Offensive des Motivationskünstlers Klinsmann.

Der wiederum betonte, dass ein Ausscheiden im Viertelfinale »eine Katastrophe für die Fußballnation Deutschland« sein würde: »Jeder sieht, dass das, was wir tun (...) für das Aufholen des deutschen Fußballs alternativlos ist«, so Klinsmann in einem Interview der Wochenzeitung *Zeit*: »Und trotzdem sage ich Ihnen, wenn wir rausfliegen würden gegen Argentinien, ginge die Diskussion wieder los: Wäre es nicht besser gewesen, abzuwarten? Erst mal hinten dichtzumachen? Auf Konter zu lauern?«

Zwei ungeschlagene Teams, 13:1 Tore gegen 10:2, die schwarz-rot-goldene Verzückung des Gastgeberlandes gegen den verletzten Stolz einer leidenschaftlichen Fußballnation: Es wurde ein unerbittlich spannendes Spiel von gewaltiger, roher Energie.

Die erste Halbzeit endete 0:0. Doch vier Minuten nach Wiederanpfiff folgte der Schock: Eckball Riquelme, hoch an die Grenze des Fünfmeterraums. Ein blau-weißes Doppel steigt hoch. Der Argentinier setzt sich gegen seinen deutschen Gegenspieler durch und köpft. Keeper Lehmann ist ohne Chance: 1:0 durch den Verteidiger Ayala, »unzureichend markiert von Klose«, kritisierte der *Kicker*.

Die Spannung wird unerträglich. Wie besessen arbeiten sich die Deutschen an der argentinischen Abwehr ab. Deren Stärke wiederum ist sich Trainer Pekerman so gewiss, dass er in der 72. und 79. Minute seine besten Offensivkräfte auswechselt, offenbar um sie fürs Halbfinale zu schonen. Riquelme und Crespo verlassen den Platz.

Sekunden nach der Auswechslung hat sich die deutsche Mannschaft einmal mehr in die Nähe des argentinischen Strafraums vorgearbeitet. Ballack wirft ein, auf Lahm, der flach zurückpasst. Von links außen, auf Höhe der Strafraumecke, spielt Ballack hoch in den Sechzehner. Tim Borowski steigt hoch und verlängert - und dann ist jener Mann zur Stelle, der angeblich immer nur gegen »Kleine« trifft.

Aus sieben Metern Torentfernung wirft Miroslav Klose sich in den Ball. Keine Chance für Argentiniens Keeper. Ein Urschrei zerreißt das Berliner Olympiastadion, einen Urschrei richtet auch

Klose gen Himmel. Es war das bis dahin wichtigste Tor seiner Nationalmannschaftskarriere.

Der Rest ist Fußballgeschichte: Verlängerung. Elfmeterschießen. Nervenkrieg. Jens Lehmann mit dem magischen Spickzettel. Klose verfolgt das Geschehen von außen: In der 86. Minute hat Trainer Klinsmann ihn gegen Neuville ausgetauscht. So hoch die emotionalen Wogen auch schlagen: Das Erreichen des Halbfinales ist der deutschen Mannschaft nicht mehr zu nehmen.

Gegen Italien hätte Klose beinahe das 1:0 vorbereitet, es später fast sogar selbst geschossen. In der Verlängerung nimmt Klinsmann Klose vom Platz und bringt den frischen Neuville. Als sich die meisten Zuschauer schon auf ein weiteres Elfmeterschießen eingestellt haben, fallen in rascher Folge das 1:0 und das 2:0 für Italien. Der Traum vom Finale ist aus.

Nach dem Gewinn des dritten Platzes gegen Portugal werden Klinsmann & Co. dennoch wie Weltmeister gefeiert. Und der »Goldene Schuh« für den besten Torschützen des Turniers geht diesmal an Miroslav Klose: fünf Tore, Nummer sechs bis zehn in seinem Werkverzeichnis. Es sollten nicht die letzten bleiben.

百威

Das Tor

Deutschland – Argentinien 1:1
Minute 80.
Methode Kopfball
Vorlage Borowski

Torjubel Lauf aus dem Strafraum; Bekreuzigen; doppelter geworfener Handkuss mit nahtlosem Übergang in Luftsprung mit gereckter Faust. Anschließend Urschrei in Richtung Himmel mit gestreckten Zeigefingern
Zitat »Es war ein faszinierendes Spiel. Ich bin total aus der Puste und kann kaum noch reden, weil wir so gefeiert haben.« (Miroslav Klose nach dem Viertelfinale gegen Argentinien)

Das Spiel

Deutschland – Argentinien 4:2 i. E./ 1:1 (0:1)
Viertelfinale WM 2006

Anstoß 30. 6. 2006, 17:00 Uhr
Stadion Olympiastadion, Berlin
Zuschauer 72 000

0:1 Ayala (49.)
1:1 Klose (80.)

Elfmeterschützen 1:0 Neuville (verwandelt)
1:1 Cruz (verwandelt)
2:1 Ballack (verwandelt)
2:1 Lehmann hält gegen Ayala
3:1 Podolski (verwandelt)
3:2 Maxi Rodriguez (verwandelt)
4:2 Borowski (verwandelt)
4:2 Lehmann hält gegen Cambiasso

Chancen 3:3
Ecken 4:6

Deutschland Lehmann – Friedrich, Mertesacker, Metzelder, Lahm – Schneider (62. Odonkor), Frings, Ballack, Schweinsteiger (74. Borowski) – Klose (86. Neuville), Podolski.
Trainer Klinsmann

Argentinien Abbondanzieri (71. Franco) – Coloccini, Ayala, Heinze, Sorín – Rodriguez, Mascherano, González – Riquelme (72. Cambiasso) – Tevez, Crespo (79. Cruz).
Trainer Pekerman

Schiedsrichter Michel (Slowakei)
Gelbe Karten Friedrich, Podolski, Odonkor/ Cruz, Sorín, Mascherano, Rodriguez
Rote Karte Cufré (120., Tätlichkeit)

11

Das 11. Tor Klose

Deutschland – Australien	11	2:0 Kopfball

Schwerelos wirken. Lange in der Luft bleiben. Der Erdanziehungskraft so viel wie möglich entgegensetzen: Der junge Miroslav Klose hatte sich darauf vorbereitet. Lange bevor er wissen konnte, was einmal aus ihm werden würde, hatte er Kopfbälle gründlicher geübt als alle anderen: Aus der Hocke in den Sprung, immer wieder, unermüdlich.

Von ganz nach unten bis nach ganz oben: So wie Miroslav Klose und die Fußball-Weltmeisterschaft 2010. Nie stand er als Nationalstürmer stärker in Frage als vor dem Abflug nach Südafrika. Die Saison 2009/2010 bei Bayern München war alles andere als zufriedenstellend verlaufen: Müller, Gomez, Olic – Klose, Platz vier der Einsatzstatistik im Sturm, Platz sieben der Torschützenliste im Team.

25 Spiele, 3 Treffer, 1 Vorlage: In seiner gesam-

ten Profikarriere war Klose noch nie so ungefährlich erschienen. »Noch als die Nationalhymne vor dem ersten Gruppenspiel gegen Australien lief«, beschrieb die *Süddeutsche Zeitung*, »wunderten sich viele, dass da dieser Klose stehen durfte.« – »Angeschlagen« habe er vor dem Turnier gewirkt, »vor allem seelisch«, bisweilen sei er gar »leicht melancholisch über den Rasen geschlichen«.

Noch tiefenpsychologischer wurde der Berliner *Tagesspiegel*. Zwar seien da Vertrauen und Lob von Bundestrainer Löw und Teammanager Bierhoff. »Doch da gibt es noch die anderen Stimmen, die nur der Besungene selbst hört, sie kommen aus seinem Inneren. Was sie ihm sagen, weiß niemand so genau, wäre da nicht seine Körpersprache, die nichts Gutes zu erzählen hat. Miroslav Klose ist auf der Suche nach sich. Und mit ihm sucht eine halbe Nation.«

Düstere Zeichen mit weit gravierenderen Auswirkungen gab es jenseits des Fußballs. 2010 war ein Jahr großer Katastrophen. Im Januar das verheerende Erdbeben in Haiti. Im März verdunkelte eine Aschewolke aus dem isländischen Vulkan Eyjafjallajökull europaweit den Himmel. Einen Monat später führte die Explosion der Bohrinsel »Deepwater Horizon« im Golf von Mexiko zur schlimmsten Ölkatastrophe in der Geschichte der Vereinigten Staaten. Doch die Schlagzeilen des Sommers gehörten der Weltmeisterschaft, und fußballüblich wurden Nebensachen zu Hauptsachen.

Ein ständiges Summen lag in der Luft, als die deutsche Nationalmannschaft am 13. Juni 2010 im ausverkauften Moses-Mabhida-Stadion in Durban zu ihrem ersten Gruppenspiel antrat. Die Vuvuzela, das Instrument dieser WM, erregte die Gemüter. Während Nostalgiker sich an den Sound deutscher Stadien in den 80er-Jahren erinnert fühlten - die große Zeit der Pressluft-Hupe -, geißelten Akustik-Ästheten das an- und abschwellende Geräusch der Plastiktröten als nervtötenden Stimmungskiller.

Der Spanier Xabi Alonso sah seine Konzentration gefährdet, Günter Netzer die traditionelle Dramaturgie des Fußballs: »Tragödie, Drama, Freude - alles auf engstem Raum vorhanden. Von Sekunde zu Sekunde ändert sich das.« Anders im Vuvuzela-Land Südafrika, wie er im Doppel mit Gerhard Delling lachend feststellte: »Hier ändert sich gar nichts. Es ist einfach alles gleich!«

Zum Glück galt das nicht für Miroslav Klose, der kurz nach seinem 32. Geburtstag zum dritten Mal in der Startformation eines WM-Eröffnungsspiels stand - und wenig später vor einem weiteren Premierentreffer.

Die erste Großchance des Spiels hat Australien in der vierten Minute; Neuer wäre wohl geschlagen gewesen, Philipp Lahm rettet in höchster Not. Doch kaum 180 Sekunden später beginnt sich das

Blatt zu wenden: Klose scheitert freistehend von der Sechzehnmeterlinie an Torwart Schwarzer, Özil jagt die Kugel im Nachschuss über das Tor.

Dann folgt der Führungstreffer, und auch hier ist Klose beteiligt: durch kluges Nicht-Eingreifen. Özil auf Müller am Fünfmeterraum. Müller spielt diagonal zurück. Klose könnte den Ball erreichen, doch er lässt ihn weiterrollen, hin zum besser positionierten Podolski. Der wiederum lässt sich das Angebot nicht entgehen und zieht etwa zwölf Meter vom Kasten entfernt mit voller Wucht ab. Die achte Minute, das 1:0 – wäre das Tornetz gerissen, es hätte niemanden gewundert.

Auch Kloses zweiter Versuch misslingt. Aus nicht einmal sechs Metern schießt er neben das Tor. Doch dann, in der 26. Minute, schlägt der neue Mannschaftskapitän Philipp Lahm nach einem Einwurf von Thomas Müller einen langen Ball von der rechten Außenseite in Richtung Elfmeterpunkt.

Klose beschleunigt, hält in schnurgerader Bahn auf den Ball zu. Kurz nachdem er den Elfmeterpunkt passiert, springt er ab – und wuchtet die Kugel ins leere Tor, mit dem ganzen Schwung seines Sprints und dem gesammelten Frust einer verkorksten Saison. Australiens Keeper Schwarzer, am Ball vorbeigesprungen, rollt machtlos über den Rasen.

Auf dem Rasen kniend zeigt Miro Klose seinen »Familienjubel«: drei Finger für seine Frau und seine Kinder. Der Zeigefinger am Daumen als Zeichen des Zusammenhalts.

Das Spiel endet 4:0. Die letzten beiden Tore schießen Müller und WM-Neuling Cacau, in der 68. Minute für Klose in Spiel gekommen. Doch der Bann der verkorksten Saison ist gebrochen, das 11. Tor Klose im Netz. »Das Tor gegen Australien«, so die *Süddeutsche Zeitung*, »muss im Nachhinein als Auferstehung des Miroslav Klose in die Geschichte dieser DFB-Elf eingehen.«

Das Tor

Deutschland – Australien 2:0
Minute 26.
Methode Kopfball
Vorlage Lahm

Torjubel Lauf hinter der Torauslinie mit Knierutscher und »Familienjubel« im Sitzen mit drei gestreckten Fingern und Zeigefinger am Daumen
Zitat »Bei der WM 2002 habe ich dreimal getroffen, 2006 zweimal, jetzt gegen Australien nur einmal. Wenn das so weitergeht, brauche ich 2014 gar nicht mehr aufzulaufen.« (Miroslav Klose über seine Erfolge bei Eröffnungsspielen)

Das Spiel

Deutschland – Australien 4:0 (2:0)
1. Spieltag WM 2010

Anstoß 13.6.2010, 20:30 Uhr
Stadion Moses Mabhida, Durban
Zuschauer 62 660

1:0 Podolski (8.)
2:0 Klose (26.)

3:0 Müller (68.)
4:0 Cacau (70.)

Chancen 11:2
Ecken 4:7

Deutschland Neuer - Lahm, Mertesacker, Friedrich, Badstuber - Schweinsteiger, Khedira - Müller, Özil (74. Gomez), Podolski (81. Marin) - Klose (68. Cacau).
Trainer Löw

Australien Schwarzer - Wilkshire, Neill, Moore, Chipperfield - Valeri, Grella (46. Holman) - Emerton (74. Jedinak), Cahill, Culina - Garcia (64. Rukavytsya).
Trainer Verbeek

Schiedsrichter Rodriguez (Mexiko)
Gelbe Karten Özil, Cacau - Moore, Neill, Valeri
Rote Karte Cahill wegen groben Foulspiels (56.)

12

Das 12. Tor Klose

Deutschland – England	12	1:0 Rechtsschuss

Was später als Kloses »Auferstehung« gefeiert werden sollte, galt unmittelbar nach dem ersten Gruppenspiel gegen Australien nur als vielversprechendes »Lebenszeichen«.

Schon eine Begegnung später erhielt der frisch aufgeflammte Optimismus einen Dämpfer: Statt eines weiteren Treffers kassierte Miroslav Klose gegen Serbien den ersten und einzigen Platzverweis seiner Nationalmannschaftskarriere. Schiedsrichter Undiano, von Kritikern später als »kleinlich« bezeichnet, zückte nach einem relativ harmlosen Foul nahe der Mittellinie Gelb für Klose - zu dessen Leidwesen schon zum zweiten Mal in diesem Spiel. Er musste zum Duschen, Deutschland verlor 0:1. Beim dritten Gruppenspiel (1:0 gegen Ghana) fehlte Klose aufgrund der obligatorischen Sperre.

Im Achtelfinale gegen England ging es wieder

aufwärts, und neben Miroslav Klose war ein Verrufener des modernen Fußballs entscheidend beteiligt. Ein Sinnbild jener Zeit, in der hinten Beton angerührt und vorne auf den lieben Gott vertraut wurde: der lange hohe Ball nach vorn.

Der moderne Ball ist kurz und flach. Man spielt ihn schnell und unablässig; kleine Fußballpäckchen rasen über den Platz wie Datenpakete durchs World Wide Web – nicht immer relevant, aber stets präzise adressiert. Modernes Flachpassspiel kennt keinen Stillstand, kein Abwarten und kein Maßnehmen; Befreiungsschläge hat es nicht nötig.

Pass, Pass, Pass, Pass: Die schnelle Folge garantiert Flexibilität. Jeder Pass ist eine Entscheidung und die Anpassungsmöglichkeit der vorigen. Schwerpunkte können geändert, Ziele modifiziert werden; Spielaufbau durch Schwarmintelligenz.

Der lange Ball dagegen bedeutet Festlegung. In der Luft ist er eine gebundene Ressource, nichts kann ihn mehr beeinflussen. Dem Bodenpersonal bleibt, sich auf seine Landung vorzubereiten: schubsend, drängelnd, stürzend.

Früher nannten sie das »Kick and Rush«, eine Spielphilosophie in drei Worten, entwickelt im Mutterland des Fußballs. Wenn »Tiki Taka« der Fußball des Augenblicks ist, das Aufrechterhalten einer permanent optimierbaren Gegenwart, dann verkörpert »Kick and Rush« so etwas wie den naiven Glauben an eine bessere Zukunft: Vorne hilft der liebe Gott. Oder natürlich Klose.

Hatte Manuel Neuer den Angreifer mit der Nummer 11 wirklich so genau im Blick, dort vorne, weit weg in der anderen Hälfte? Las er das Spiel so exakt, dass er berechnen konnte, was er tat? Wusste er, ahnte er, oder hoffte er? Ob spekulative Ball-Anlage oder sicherheitsorientiertes Investment: Das Ergebnis war eindrucksvoll.

Genau 19 Minuten und 32 Sekunden sind vergangen, als Manuel Neuer rechts neben seinem Tor einen langen Anlauf beginnt. In gerader Linie läuft er von seinem Startpunkt kurz hinter der Grundlinie bis zur Ecke des Strafraums, tritt den Ball mit aller Kraft nach vorn und blickt ihm aufmerksam nach.

In der Mitte der gegenüberliegenden Spielfeldhälfte bereitet sich ein bewegliches rot-weißes Band auf die Ankunft des Abschlages vor. Vier Engländer, zwei Deutsche in gezackter Formation, zwei-eins-zwei-eins, in der Mitte Miroslav Klose.

Der Ball springt in seiner Nähe auf und gewinnt rasch wieder an Höhe, es sind noch etwa 25 Meter bis zum Tor. Keeper James macht sich am Elfmeterpunkt bereit.

Die Formation bricht auf, ein gemischtes Doppel stürzt dem Ball nach, Matthew Upson und Miroslav Klose. Klose ist vorn, Upson drängelt. Klose hält gegen, fährt den rechten Arm aus. Er drückt Upson weg, den Ball im Blick, unaufhaltsam.

Während der Ball abermals aufkommt, reißt Klose sich los, lässt den Gegenspieler hinter sich. Nun gibt es nur noch den Ball und Klose, Klose und den Ball.

Der Zweikampf mit Upson wirkt nach. Kloses Lauf wird unrund, er droht die Balance zu verlieren. Taumelnd und mit großen Schritten setzt er dem Ball nach, der nun wieder im Sinkflug begriffen ist. Klose weiß, dass er ihn jetzt erwischen muss – trifft er nicht, hat ihn Englands Schlussmann David James.

Als der Ball fast auf dem Boden aufgekommen ist, streckt Klose sein rechtes Bein, so weit es geht. Er fällt rückwärts, trifft vorwärts, rutscht in den englischen Keeper. Sitzend sehen beide zu, wie der Ball aus zehn Metern im rechten unteren Eck einschlägt.

1:0 für Deutschland: ein Plädoyer für die Schönheit des langen Balles. Und ein Leckerbissen für Regel-Gourmets. Zwar stand Miroslav Klose im Moment von Neuers Abspiel in einer Abseitsposition. Doch gibt es drei Situationen, nach denen im Fußball kein Abseits existiert: Einwurf, Ecke – und Abstoß.

Der spektakuläre Treffer ist der wahre Startschuss eines sagenhaften Spiels. Das 2:0 fällt durch Podolski, vorbereitet durch Müller, eingeleitet durch Klose. Upson verkürzt auf 2:1, Lampard erzielt nach Wembley-Manier den Ausgleich – doch der Schiedsrichter erkennt den Treffer nicht an. Später beweisen Fernsehbilder, dass der Ball hinter der Linie war.

3:1 Müller. 4:1 Müller: In der 70. Minute ist alles entschieden. Das Spielende erlebt Klose von der Ersatzbank. In der 72. hat Jogi Löw ihn durch Mario Gómez ersetzt. Und doch muss er den Abpfiff mit einem besonderen Gefühl der Genugtuung erlebt haben: Sein fünfzigster Länderspieltreffer, sein zwölftes WM-Tor.

In der ewigen Statistik war Miroslav Klose nun gleichauf mit Pelé, sein Name in bester Gesellschaft: ein Tor vor Klinsmann, eines hinter Just Fontaine, zwei hinter Gerd Müller – und nur noch drei hinter Ronaldo.

Das Tor

Deutschland – England 1:0
Minute 20.
Methode Rechtsschuss
Vorlage Neuer

Torjubel Sprint zur Torauslinie mit Knierutscher; »Familienjubel« und Siegerfaust
Zitat »Ich habe immer wieder betont, dass wir eine Klassemannschaft haben, die genauso gut angreifen wie verteidigen kann. Das hat mir heute sehr imponiert (...). Ich habe bei meinem Tor spekuliert und den langen Ball einfach gut umgesetzt.«
(Miroslav Klose nach dem 4:1 gegen England)

Das Spiel

Deutschland – England 4:1 (2:1)
Achtelfinale WM 2010

Anstoß 27.6.2010, 16:00 Uhr
Stadion Free State, Bloemfontein
Zuschauer 40 510

1:0 Klose (20.)
2:0 Podolski (32.)

2:1 Upson (37.)
3:1 Müller (67.)
4:1 Müller (70.)

Chancen 8:5
Ecken 4:6

Deutschland Neuer – Lahm, Mertesacker, Friedrich, Boateng – Khedira, Schweinsteiger – Müller (72. Trochowski), Özil (83. Kießling), Podolski – Klose (72. Gomez).
Trainer Löw

England James – Johnson (87. Wright-Phillips), Upson, Terry, Ashley Cole – Milner (64. Joe Cole), Lampard, Barry, Gerrard – Defoe (71. Heskey), Rooney.
Trainer Capello

Schiedsrichter Jorge Larrionda (Uruguay)
Gelbe Karten Friedrich – Johnson

13

Das 13. Tor Klose

Argentinien – Deutschland	13	0:2 Rechtsschuss

Erst England, dann Argentinien: In der Turnier-Dramaturgie folgte ein Klassiker dem anderen. Vier Jahre zuvor hatte Klose mit seinem 1:1 gegen die »Albiceleste« die Verlängerung erzwungen. Jene Verlängerung, die in das berühmte Elfmeterschießen samt berüchtigter Keilerei im Anschluss mündete. Deutschland erinnerte sich an Jens Lehmann und seinen Spickzettel. Argentinien sehnte sich nach der Revanche.

Als Trainer Diego Maradona, in der Offensive Lionel Messi: Es schien, als wollten die Argentinier alles aufbieten, was ihnen an Legendärem zur Verfügung stand. Trotz des souveränen 4:1 gegen England im Achtelfinale gab es keinen Kommentator, der nicht ein knappes, dramatisches Herzschlag-Viertelfinale vorhersagte, ein Revival von 2006, eine Nervenschlacht, nichts für sensible Gemüter.

Doch statt eines Höllenritts folgte eine Vergnügungsfahrt. Jedenfalls aus deutscher Perspektive.

Schon nach zweieinhalb Minuten stand es 1:0 für »Team Löw«. Freistoß Schweinsteiger, Kopfball Müller: So einfach kann Fußball sein. Aber wer hätte diese Einfachheit so früh gegen einen zweifachen Weltmeister erwartet? Selbst Kanzlerin Merkel riss es aus ihrem Sitz im Stadion. Begeistert klatschte sie in die Hände.

Erst Freistoß, dann Tor: Die Fußballsprache nennt Entstehungsgeschichten wie diese »Standardsituation«. Doch dieses 1:0 und die Ereignisse in seiner Folge waren Meilen von jedem bekannten Standard entfernt. Im Green Point Stadium zu Kapstadt entfaltete sich eines der besten Spiele der jüngeren deutschen WM-Geschichte, und die Hälfte der Tore sollte Miroslav Klose beisteuern.

Wie zuvor und danach war der Strafraum seine Bühne, und nicht einmal der ganze: Schon der Fünfmeterraum und eine etwa gleich große Fläche direkt davor reichen aus, um die Abschlusspunkte aller Weltmeisterschaftstore Miroslav Kloses zu fassen. »Fox in the box« nennen das die Engländer; den untrüglichen Instinkt, im dichtesten Gewühl im genau richtigen Sekundenbruchteil den genau richtigen Quadratmillimeter zu besetzen und zu verteidigen. Ein erstaunliches, ans Übersinnliche grenzendes Talent, dessen Ursprung niemand versteht, doch dessen Auswirkungen jeder sieht.

So auch der zunehmend verzweifelte Diego Maradona, der noch im März empört das Podium der Pressekonferenz nach dem Freundschaftsspiel gegen Deutschland verlassen hatte: Den dort sitzenden Müller kannte er nicht, die Position neben einem »Niemand«, einem »pillo« (Lausbuben) empfand er als unter seiner Würde. Ein Klose wäre ihm möglicherweise respektabler erschienen.

Oder auch nicht, hätte Maradona gewusst, was folgen sollte. Noch in der 24. Minute setzte Klose (nach herrlichem Pass von Müller) einen Warnschuss aus elf Metern über den argentinischen Kasten. Noch aber blieb es beim 1:0, noch hielt die argentinische Abwehr, noch war sogar das 1:1 in greifbarer Nähe. Erst nach 67 Minuten änderten sich die Dinge grundlegend – und zwar Klose-typisch aus kürzester Distanz.

Im Liegen sichert Thomas Müller einen beinahe verlorenen Ball und gibt weiter an Podolski, der pfeilschnell die Strafraumgrenze überschreitet. »Prinz Poldi« sieht seinen Sturmpartner in der Mitte, parallel laufen beide aufs Tor zu, zwischen sich nur einen Gegenspieler. Als Podolski den Fünfmeterraum erreicht, schiebt er quer auf Klose, vorbei an seinem Gegenspieler, vorbei am herausgestürzten Keeper.

Miroslav Klose steht einmal mehr so richtig, dass er den Ball nur noch lässig von seinem rechten Bein abtropfen lassen muss. Das Tor ist leer, die Kugel unaufhaltsam auf ihrem Weg. Momente wie dieser sind der Grund dafür, dass Angreifer wie Klose »Vollstrecker« genannt werden.

Es ist ein Tor wie eine »Was-passiert-dann-Maschine« - eine ausgeklügelte Apparatur im Kinderprogramm »Sesamstraße«, mit der Kermit der Frosch seinem jungen Publikum den Zusammenhang von Ursache und Wirkung verständlich machen möchte. Über Wippen, Klappen und diverse Stationen greifen alle Teile der Maschine so ineinander, dass sich am Ende ein Radio einschaltet.

Genau so ist es mit dem deutschen 2:0 gegen Argentinien. Als die Sequenz aus Ursachen und Folgen abgespielt ist, steht niemand außer Klose nah genug an ihrem Endpunkt, um irgendetwas ändern zu können. Die Belohnung ist sicher, Klose muss nur noch warten - und lässt dennoch nicht locker.

Im Laufschritt folgt er dem Ball und gibt ihm auf der Torlinie einen sanften zweiten Stoß mit dem rechten Fuß. Als könnte es sich der Ball noch einmal anders überlegen, als sähe ein lässiges Abtropfen nicht nach ehrlicher Arbeit aus - oder als wolle er einfach den Moment des Abschlusses noch länger genießen.

Das Tor

Argentinien – Deutschland 0:2
Minute 67.
Methode Rechtsschuss
Vorlage Podolski

Torjubel Kurzer Lauf auf der Torauslinie mit anschließendem Knierutscher; im Aufstehen »Familienjubel« mit Übergang in den gestreckten Zeigefinger
Zitat »Klose to glory. Deutschlands perfekter Plan zerstört Diegos Traum.« (Independent on Sunday, England)

Das Spiel

Argentinien – Deutschland 0:4 (0:1)
Viertelfinale WM 2010

Anstoß 3.7.2010, 16:00 Uhr
Stadion Green Point, Kapstadt
Zuschauer 64 100

0:1 Müller (3.)
0:2 Klose (67.)
0:3 Friedrich (74.)
0:4 Klose (88.)

Chancen 3:7
Ecken 5:4

Argentinien Romero – Otamendi (70. Pastore), Demichelis, Burdisso, Heinze – Maxi Rodriguez, Mascherano, Di Maria (75. Aguero) – Messi, Tévez, Higuaín.
Trainer Maradona

Deutschland Neuer - Lahm, Mertesacker, Friedrich, Boateng (72. Jansen) - Khedira (77. Kroos), Schweinsteiger - Müller (84. Trochowski), Özil, Podolski - Klose.
Trainer Löw

Schiedsrichter Irmatow (Usbekistan)
Gelbe Karten Otamendi, Mascherano - Müller

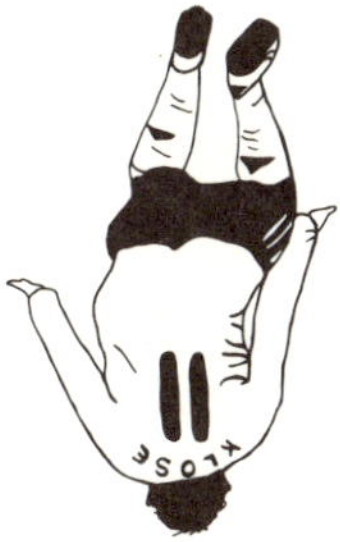

14

Das 14. Tor Klose

Argentinien – Deutschland	**14**	0:4 Rechtsschuss

Die gnadenlose Logik des »Was passiert dann?« schrieb nicht nur das Drehbuch für Kloses Treffer zum 2:0, sondern für die gesamten letzten 20 Minuten dieses WM-Viertelfinales. Argentinien machte auf – Deutschland konterte.

Das 3:0 bescherte Verteidiger Arne Friedrich nach Vorbereitung von Bastian Schweinsteiger sein erstes Tor in 77 Länderspielen. Es war die 74. Minute. Schweinsteiger hatte mit einer cleveren Rückgabe im Fünfmeterraum nach beeindruckendem Solo gegen drei Argentinier aufs Schönste vorbereitet, und nicht nur Kommentator Béla Réthy, sondern die gesamte Fußballwelt war verblüfft: »Die nehmen sie jetzt auseinander! Das müssen Sie sich jetzt mal ganz langsam buchstabieren, liebe Zuschauer: Deutschland – Argentinien 3:0. Und noch siebzehn Minuten zu spielen.«

Zeit genug für einen weiteren Klose-Treffer. Einen Treffer wie aus dem Lehrbuch. Einen Treffer, der eine grundlegende Weisheit des Stürmer-Daseins sichtbar macht: Tore beginnen früher, als es die Kameras zeigen. Während diese meist auf Aktion fokussieren – auf den Ball, die Tat, die scheinbare Hauptsache –, werden anderswo auf dem Feld entscheidende Fakten geschaffen, unter den Augen eines ganzen Stadions und doch fast unter Ausschluss der Öffentlichkeit. So auch in der 88. Minute gegen Argentinien.

Eine gerade Linie im rechten Teil des Spielfeldes, mit unsichtbarem Strich gemalt, als niemand hinsieht. Exakt so lang, wie sie sein muss, exakt dort, wo sie hingehört: Miroslav Kloses Laufweg bei einem der schönsten Spielzüge dieser Weltmeisterschaft.

Er beginnt im deutschen Strafraum und verlagert sich bald von rechts nach links. Eine Station, zwei Stationen, drei, vier, fünf Stationen – die Vorwärtsbewegung ist schnell und wirkt widerstandslos. Argentinien läuft neben- und hinterher. In schnellem Dribbling treibt Podolski den Ball über die Mittellinie und tief in die argentinische Hälfte. Kurz vor dem Strafraum passt er nach links auf Mesut Özil – und der offenbart mit meisterhaftem Pass die Pointe dieses Spielzuges.

Schlagartig wird die Haupt- zur Nebensache.

Die Perspektive kippt. Was vorher gewesen ist, erscheint in einem anderen Licht: Von der linken Ecke des Strafraums passt Özil auf Miroslav Klose. Der wiederum ist am Ende seines langen geraden Laufs ohne Ball aus anfänglich halbrechter Position im Zentrum des Strafraums angekommen. Und das so rechtzeitig, dass er sich bremsen muss, um nicht im Abseits zu stehen.

Anhalten, umsehen, zielen: Klose hat Zeit. Er nimmt den Ball direkt aus der Luft. Mit dem rechten Bein schießt er links am Keeper vorbei. Ein Verteidiger versucht sich in die Bahn des Balls zu werfen - zu spät.

Kurz darauf folgt der Abpfiff. Diego Maradona bekreuzigt sich und umarmt seine Spieler, jeden Einzelnen von ihnen. Später gibt er zu, dass dies der härteste Moment seines Lebens war.

Doch auch der Weg der deutschen Mannschaft führte nicht ins Endspiel: Auf den berauschenden Sieg gegen Argentinien folgte ein ernüchterndes 0:1 gegen technisch perfekte Spanier. »Einseitig, aber bis zum Schluss spannend«, fand der *Kicker*.

Im Spiel um den dritten Platz gegen Uruguay blieb Klose wegen Rückenproblemen auf der Bank. Müller, Jansen und Khedira trafen, Deutschland siegte 3:2. Die »Bronzemedaille«, wie schon 2006 gegen Portugal.

Ein respektabler Erfolg nach unterhaltsamem Spiel. Doch das Spiel um Platz drei ist nicht die Partie dieses Turniers, die in die WM-Geschichte eingehen wird. Die Konkurrenz des spektakulären Acht-Tore-Doppels gegen England und Argentinien ist einfach zu stark: 4:1. 4:0.

Und ein grandioses Schlussbild noch vor dem Abpfiff: Am Sonnabend, dem 3. Juli 2010, schießt Miroslav Klose, 32, Stürmer, sein 14. WM-Tor. Vier Wochen zuvor galt er so manchem als hoffnungsloser Fall. Jetzt hat er Gerd Müller in der WM-Torschützenliste eingeholt. Unter dem Himmel von Kapstadt schlägt Klose den Salto.

Das Tor

Argentinien – Deutschland 0:4
Minute 88.
Methode Rechtsschuss
Vorlage Özil

Torjubel Salto an der rechten Strafraumgrenze, sauber gestanden, Siegerfaust von unten
Zitat »Alle im Kader sind sensationell. Ich bin froh, dass wir jetzt das erreicht haben, was wir uns vorher vorgenommen hatten. Alles andere ist Zubrot.«
(Miroslav Klose nach dem Viertelfinal-Sieg gegen Argentinien)

Das Spiel

Argentinien – Deutschland 0:4 (0:1)
Viertelfinale WM 2010

Anstoß 3.7.2010, 16:00 Uhr
Stadion Green Point, Kapstadt
Zuschauer 64 100

0:1 Müller (3.)
0:2 Klose (67.)
0:3 Friedrich (74.)
0:4 Klose (88.)

Chancen 3:7
Ecken 5:4

Argentinien Romero – Otamendi (70. Pastore), Demichelis, Burdisso, Heinze – Maxi Rodriguez, Mascherano, Di Maria (75. Aguero) – Messi, Tévez, Higuaín.
Trainer Maradona

Deutschland Neuer – Lahm, Mertesacker, Friedrich, Boateng (72. Jansen) – Khedira (77. Kroos), Schweinsteiger – Müller (84. Trochowski), Özil, Podolski – Klose.
Trainer Löw

Schiedsrichter Irmatow (Usbekistan)
Gelbe Karten Otamendi, Mascherano – Müller

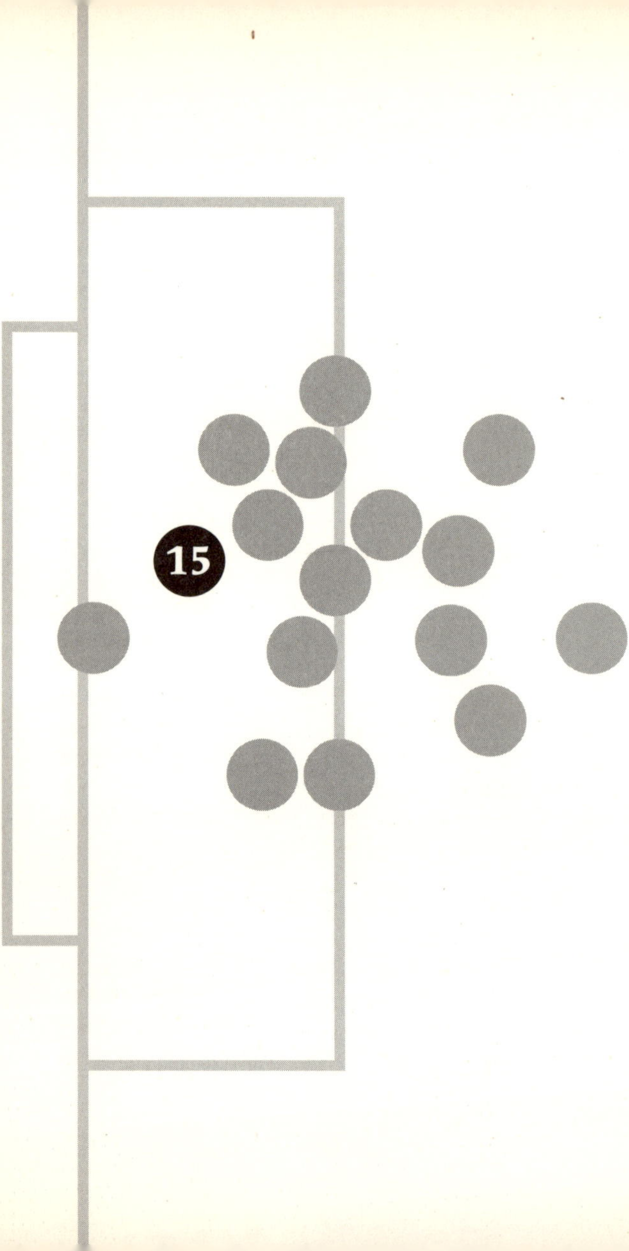
15

Das 15. Tor Klose

Deutschland – Ghana	**15**	2:2 Rechtsschuss

Plötzlich war er der Letzte seiner Art: Miroslav Klose, seit 2011 in Diensten von Lazio Rom, 25 Spiele, 7 Tore in der abgelaufenen Saison - einziger Stürmer im WM-Kader 2014. Kein Kießling, kein Kuranyi und kein Kruse durfte mit. Kevin Volland (Hoffenheim) und Mario Gómez (Florenz) blieben zu Hause.

Und als sich Dortmunds Mittelfeldstar Marco Reus kurz vorm Abflug nach Brasilien am Sprunggelenk verletzte, entschied sich Joachim Löw statt seiner nicht für eine »Brechstange« im Sturm, sondern für einen zusätzlichen Abwehrmann, für Shkodran Mustafi von Sampdoria Genua.

Eine echte Nummer 11 und sonst nur »falsche Neuner«: Das hatte es in der WM-Geschichte noch nie gegeben. 1954: neun Angreifer. 1974: sechs. 1990: fünf. Und 2014? Fußball-Deutschland machte sich Sorgen. »Nun wird das Land, das einst einen ›Bomber der Nation‹ hervorbrachte, den als einzigartig besungenen Rudi Völler, den blondwehenden Klinsi und den Golden-Goal-Boy Bierhoff, mit einem einzigen, bald 36 Jahre alten Angreifer in das WM-Unternehmen starten«, wehklagte die *Frankfurter Allgemeine Zeitung*: »Kann man auch ohne Stürmer Weltmeister werden?«

Dass Podolski und Müller noch 2006 als Angreifer geführt worden waren und dass das Toreschießen durch offensive Mittelfeldspieler statt hauptamtliche Stürmer (daher der Ausdruck »falsche Neun«) anderen Teams wie der spanischen Nationalmannschaft zu achtbaren Erfolgen bis hin zum Europameistertitel verholfen hatte, trug zur Beruhigung kaum bei.

Prompt rückten andere Fußball-Aufreger in den Hintergrund (von Themen wie der Ukraine-Krise, den Auswirkungen der Europawahl oder dem Militärputsch in Thailand ganz zu schweigen): Vergessen schien die Trikot-Affäre, ausgelöst durch einen roten Bruststreifen in drei Farbtönen, von oben nach unten heller werdend – und durch die Entscheidung, zu diesem nie dagewesenen Dekor auch noch weiße statt der traditionellen schwarzen Hosen zu tragen. »So richtig tief ins Klo gegriffen«, urteilte das Fan-Blog »Captain Trikot« über das seiner Ansicht nach »hässlichste Deutschland-Trikot der WM-Geschichte«: »Wir sind maßlos enttäuscht – mehr noch: todtraurig! Im Trikot-Zusammenhang ist dieses ein verlorenes Jahr!«

Ein Ereignis in Hamburg vor dem Vorbereitungsspiel gegen Polen wirkte wie ein Orakel: Vor einer Trainingseinheit im Millerntor-Stadion des FC St. Pauli war der Schriftzug »KEIN FUSSBALL DEN FASCHISTEN«, 2013 von Fans auf die neue Gegengerade des Stadions gemalt, teilweise abgeklebt worden. Angeblich um Aufnahmen der Spieler vor dem Wort »Faschisten« zu verhindern, so Nationalmannschafts-Pressesprecher Jens Grittner via Twitter. Nun übten Jogis Jungs vor dem mannshohen Schriftzug »KEIN FUSSBALL« – und mancher Skeptiker erwartete für die deutschen WM-Spiele genau das.

Umso größer die Überraschung über das erste Gruppenspiel: 4:0 gegen Portugal mit dem Superstar Cristiano Ronaldo! Dreimal Thomas Müller, einmal Mats Hummels! »Deutschland macht Angst«, fand der italienische *Corriere dello Sport*, und die *Bild*-Zeitung feierte »Drei Brüller von Müller. Jungs, ihr seid der Knüller!«

Der Mann, der in den letzten drei WM-Eröffnungsspielen insgesamt fünf Tore geschossen hatte, verfolgte das Spiel von der Ersatzbank. Als »Elder Statesman« der Nationalmannschaft war Miroslav Klose vor dem Spiel die Ehre einer Kabinenansprache im Mannschaftskreis zuteilgeworden. Was er sagte, wollte er später nicht verraten – »aber Sie sehen ja, offenbar habe ich die richtigen Worte gefunden«, sagte er einem Reporter der *Welt*.

Trotzdem kann das Bankdrücken ihm nicht leichtgefallen sein. Schließlich war da diese magische Zahl, aufgestellt in neunzehn Spielen bei drei Weltmeisterschaften von der brasilianischen Stürmerlegende Ronaldo Luís Nazário de Lima: 15 Tore. Klose hatte 14.

Doch auch gegen Ghana begann er auf der Bank. Und sah ein radikal anderes Spiel als die mühelos wirkende Eröffnung. Die »Black Stars« hatten ihr erstes Spiel gegen die USA verloren und wollten mit wütendem Willen einen Sieg erzwingen. Die deutsche Mannschaft wirkte verunsichert vom furiosen Pressing ihrer Gegner.

Es wurde die spektakulärste Partie der WM-Vorrunde, temporeich und voller Überraschungen: 1:0 durch Mario Götze in der 51. Minute. 1:1 durch André Ayew, nur drei Minuten später. 1:2 durch Asamoah Gyan in der 63. Eine Sensation bahnte sich an. Jogi Löw reagierte mit einem Doppelwechsel: Schweinsteiger für Khedira. Und Klose für Götze. Es dauerte nur zwei Minuten, bis der Wechsel Wirkung zeigte.

Die 71. Minute. Eckball für Deutschland. Toni Kroos schlägt den Ball von der linken Seite hoch in den Strafraum. Mertesacker verlängert per Kopf zum rechten Pfosten. Und dort steht einer auf den

Millimeter richtig: Aus weniger als einem Meter drückt Miroslav Klose den Ball mit dem rechten Bein über die Torlinie.

Klose und Ronaldo. Ronaldo und Klose. Der Altmeister feierte mit einem Salto. Er beendete ihn auf dem Steiß, doch was machte das schon: Sekundenbruchteile später stand er wieder aufrecht. Godzilla-gleicher Monsterjubel mit geballter Faust. Es war, als hätte er zwölf Jahre lang auf diesen Schrei gewartet.

Das 2:2 hielt, Deutschland hatte den vierten Punkt. Und Klose war längst wieder bodenständiger Pfälzer: »20 Spiele, 15 Kisten ist schon net schlecht«, resümierte er vor der Kamera. »Aber wichtiger ist, dass wir gegen die USA gut auftreten.«

Und Ronaldo? Der demonstrierte Sportsgeist und gratulierte zeitgemäß via Twitter, sogar in drei Sprachen: »Bemvindo ao clube« - »Welcome to the club« - »Willkommen im klub #Klose«.

Das Tor

Deutschland – Ghana 2:2
Minute 71.
Methode Rechtsschuss
Vorlage Höwedes

Torjubel Salto mit sitzender Landung; Monsterjubel mit geballter Faust von unten und Urschrei
Zitat »Ich weiß auch nicht, was mich dazu getrieben hat, den Salto zu machen. Man hat auch gesehen, dass ich in dieser Hinsicht völlig aus der Übung bin.« (Miroslav Klose)

Das Spiel

Deutschland – Ghana 2:2 (0:0)
2. Spieltag WM 2014

Anstoß 21. 6. 2014, 21:00 Uhr
Stadion Estadio Castelao, Fortaleza
Zuschauer 59 621

1:0 Götze (51.)
1:1 Ayew (54.)
1:2 Gyan (63.)
2:2 Klose (71.)

Chancen 8:6
Ecken 7:3

Deutschland Neuer - Boateng (46. Mustafi), Hummels, Mertesacker, Höwedes - Lahm, Khedira (69. Schweinsteiger) - Özil, Kroos, Götze (69. Klose) - Müller.
Trainer Löw

Ghana Dauda - Afful, Mensah, Boye, Asamoah - Rabiu (78. Badu), Muntari - Atsu (72. Wakasu), Boateng (53. Jordan Ayew), André Ayew - Gyan.
Trainer Appiah

Schiedsrichter Sandro Ricci (Brasilien)
Gelbe Karten –/Muntari

16

Das 16. Tor Klose

Brasilien – Deutschland **16** 0:2 Rechtsschuss

Nur wenige Spiele haben den Rang eines Naturereignisses, und noch viel seltener sind Spiele, denen dieser Rang ohne Widerspruch zugebilligt wird. Das Halbfinale der Fußballweltmeisterschaft 2014 zwischen Brasilien und Deutschland zählt dazu.

Es war ein Wunder ohne Vorzeichen: Brasilien hatte sich gegen Chile (3:2 nach Elfmeterschießen) und Kolumbien (2:1) schwergetan – doch auch die Siege der deutschen Nationalmannschaft gegen Algerien (2:1 nach Verlängerung) und Frankreich (1:0) waren aus Sicht vieler Kritiker keine Offenbarung (entsprechende Andeutungen eines Fernseh-Reporters nach dem Algerien-Spiel veranlassten Per Mertesacker zu einem Ausbruch über die Abwesenheit von Karnevals-Truppen in Weltmeisterschafts-Endrunden und die Vorteile der Entspannung in Eistonnen, der zum Social-Media-Hit wurde).

Während er das Achtelfinale nur von der Bank aus erlebte, stand Miroslav Klose im Viertelfinale in der Startaufstellung. Das magische 16. Tor gelang ihm gegen Frankreich nicht. Doch auch im Halbfinale gegen Brasilien war er von Beginn an dabei.

Brasilien: WM-Gastgeber. Rekord-Weltmeister. Legende. Legende mit Hausgespenst, könnte man an diesem Tag sagen, denn zusätzlich zu den elf Spielern der Startformation sollte das Genie des verletzten (zum Glück aber quicklebendigen) Superstars Neymar auf den Platz beschworen werden. »Força Neymar«, stand auf den Schirmmützen von Trainer Scolari, Funktionsteam und Ersatzspielern. Trotzig reckten Mannschaftskapitän David Luiz und Torwart Julio César Neymars Trikot beim donnernden Intonieren der Nationalhymne gen Himmel – als hätte es eine übernatürliche Kraft, die auf sie abstrahlen könnte. Doch im Ergebnis wirkte es eher so, als sei ein schleichend lähmendes Gift auf die Mannschaft übergegangen.

Einige vehemente Minuten lang stürmte Brasilien mit Verve auf den deutschen Strafraum ein. Dann aber traf Thomas Müller zum 1:0, und die Entschlossenheit des Fußballriesen schien minütlich zu schwinden. Noch hätte das Spiel vielleicht eine andere Richtung nehmen können. Doch dann, mit dem 2:0, setzte eine Kettenreaktion ein, von der man sich noch Jahrzehnte nach dem Spiel erzählen wird.

Als er sich in zentraler Position, etwa zehn Meter von der Strafraumgrenze entfernt, zum Pass bereit macht, hat Toni Kroos viel Platz. Vier deutsche, sieben brasilianische Feldspieler stehen am und im Strafraum. Kroos sieht Thomas Müller von rechts quer durch den Strafraum laufen und schiebt einen millimetergenauen Pass zwischen Dantes Beinen hindurch, genau in Müllers Laufrichtung.

Der wiederum sieht, dass Miroslav Klose noch günstiger steht, und befördert den Ball mit einer kaum wahrnehmbaren Berührung im Vorbeilaufen zu ihm; exakt so, dass der just gestartete Klose ungehindert geradeaus schießen kann.

Der Ball trifft den brasilianischen Torwart, doch der kann ihn nicht halten. Der Abpraller landet bei Klose wie ein Echo – und der schießt einfach ein zweites Mal, diesmal rechts am Keeper vorbei, haarscharf neben die Innenseite des rechten Pfostens. Klose dreht ab, geht kurz in die Knie, und statt Salto oder Siegerfaust reckt er den Zeigefinger. Es gibt römische Kaiserstatuen, die so ähnlich aussehen.

Vielleicht wollte er auch einfach nur sagen: »Ich habe es allen gezeigt.« Das Spiel gegen Brasilien war Miroslav Kloses viertes WM-Halbfinale – mehr als irgendein anderer Fußballer erleben durfte. Es war sein 136. Länderspiel (nur Lothar Matthäus hat mehr). Und sein 16. WM-Tor. Wie treffend, dass es nicht sein schönstes war: Es war kein Erfolg beim ersten Versuch, sondern ein Erfolg der Beharrlichkeit.

Während Klose und seine Teamkameraden jubeln, verfolgt der Entthronte das Geschehen wie vom Donner gerührt aus einer Kommentatorenbox im Stadion von Belo Horizonte. »Schöner Horizont«, welche Ironie des Namens. Einen Twitter-Glückwunsch wird Ronaldo dieses Mal nicht schreiben. Hadert er mit dem Verlust seines Rekordes? Ahnt er, was auf dem Feld folgen wird?

Hier oben, hinter Glas, wirkt der bewegungslose Ex-Stürmer wie ein Präparat aus einer vergangenen Zeit, eines jener Ausstellungstücke, die wir aus Biologie-Hörsälen und medizinischen Sammlungen kennen. Er ist Geschichte, und das ist viel. Niemand wird Ronaldo vergessen. Doch Geschichte schreiben: Das kann er nun nicht mehr.

Die anschließenden 180 Sekunden gehören zu den meistbeschriebenen des Fußballs. Nie zuvor verzeichnete der Social-Media-Dienst Twitter eine größere Welle an Nachrichten. 2:0 Klose. 3:0 Kroos. 4:0 Kroos: »Während Sie das gelesen haben«, titelte die brasilianische Zeitung *Meia Hora* am nächsten Tag, »hat Deutschland schon wieder ein Tor geschossen.«

Mit Khediras 5:0 ging es in die Halbzeit, mit Schürrles 6:0 und 7:0 und dem Ehrentreffer von Oscar zum Schlusspfiff. 7:1. Ein Erdrutsch in der Fußball-Landschaft, eingeleitet durch Miroslav Klose.

Fünf Tage später, im Finale gegen den alten Rivalen Argentinien, bleibt Klose ohne Tor. In der 88. Minute, beim Stand von 0:0, wechselt Joachim Löw ihn aus: Mario Götze kommt. Ernsten Blickes verlässt der Altmeister das Feld. Dieses Spiel hat er nicht entscheiden können – das tat bekanntlich Götze, nach Vorlage Schürrles. Doch kann es einen schöneren Schlusspunkt geben als die goldene Kugel an der Spitze des WM-Pokals?

Im Freudentaumel nach dem Schlusspfiff holen viele Spieler ihre Kinder auf den Rasen. Auch Miroslav Klose. Als seine WM-Karriere begann, waren Luan und Noah noch nicht auf der Welt. Unterdessen sind sie groß geworden, Jahr für Jahr, Stück für Stück – ein bisschen wie ihr Vater: Miro der Große.

com

Das Tor

Brasilien – Deutschland 0:2
Minute 23.
Methode Rechtsschuss
Vorlage Kroos, Müller

Torjubel Knierutscher, stehender Jubel mit Zeigefinger und gestreckten Armen
Zitat »Ich bin ein Stürmer – und Stürmer wollen Tore erzielen. Und natürlich will ich diese Liste so lange wie möglich anführen.« (Miroslav Klose nach dem Halbfinale gegen Brasilien)

Das Spiel

Brasilien – Deutschland 1:7 (0:5)
Halbfinale WM 2014

Anstoß 8.7.2014, 22:00 Uhr
Stadion Estadio Mineirao, Belo Horizonte
Zuschauer 58 141

0:1 Müller (11.)
0:2 Klose (23.)
0:3 Kroos (24.)
0:4 Kroos (26.)
0:5 Khedira (29.)
0:6 Schürrle (69.)

0:7 Schürrle (79.)
1:7 Oscar (90.)

Chancen 5:13
Ecken 7:5

Brasilien Julio César – Maicon, David Luiz, Dante, Marcelo – Luiz Gustavo, Fernandinho (46. Paulinho) – Bernard, Oscar, Hulk (46. Ramires) – Fred (69. Willian).
Trainer Scolari

Deutschland Neuer – Lahm, Boateng, Hummels (46. Mertesacker), Höwedes – Schweinsteiger, Khedira (76. Draxler) – Müller, Kroos, Özil – Klose (58. Schürrle).
Trainer Löw

Schiedsrichter Rodriguez (Mexiko)
Gelbe Karten Dante/–

Kloses WM-Rekord

Internationale Pressestimmen

»Miroslav Klose, der Mythos der Weltmeisterschaften«
(Marca, Spanien)

»So machen es die wahrhaft großen Torjäger: ohne großes Getue. Es ist einfach ihr Job.«
(Daily Mail, England)

»Miro, das war WELTKLOSE!«
(Sportbild, Deutschland)

»Klose tritt in die Geschichte der WM-Turniere ein.«
(El Confidencial, Spanien)

»Dem rostresistenten Miroslav Klose gelang gegen eine apathische brasilianische Abwehr sein 16. WM-Tor.«
(L'Equipe, Frankreich)

»Danke, Alter!«
(Bild, Deutschland)

»›Kaiser‹ Klose«
(Le Monde, Frankreich)

»Miro Klose ist in der Geschichte. Miro Klose ist die Geschichte.«
(Kloses Arbeitgeber Lazio Rom auf Twitter)

»Klose knackt Ronaldos Tor-Rekord«
(Frankfurter Allgemeine Zeitung, Deutschland)

»16 Tore, jetzt ist er das Phänomen.«
(Corriere dello Sport, Italien)

»Miro, mach den Bürgermeister!«
(SWR.de, direkt aus Blaubach)

Miroslav Klose

Biografische Daten

1978 9. Juni: geboren in Opole/Polen

1978 Miroslav Kloses Vater Josef wechselt vom polnischen Fußball-Erstligisten Odra Opole zum AJ Auxerre in Frankreich und nimmt seine Familie dorthin mit

1984 Die Kloses gehen zurück nach Polen

1985 Familie Klose siedelt nach Deutschland aus. Nach dem Übergangslager Friedland wird der Ort Kusel (Rheinland-Pfalz) ihre Heimat

1994 Bei seinem ersten und einzigen Vorspielen in der Sportschule Edenkoben wird Miroslav Klose am ersten Tag nach Hause geschickt

1998 Miroslav Klose wechselt vom Bezirksligisten SG Blaubach-Diedelkopf zum Regionalligisten FC Homburg und spielt in der dritten und (mit der zweiten Mannschaft) fünften Liga

1999 Wechsel zu den Amateuren des 1. FC Kaiserslautern

2000 15. April: Der erste Bundesliga-Einsatz: Einwechslung in der 75. Minute gegen Eintracht Frankfurt (Endstand 1:0)

2000 11. September: Klose spielt europäisch – zwei Torvorlagen beim 3:1-Auswärtssieg gegen Bohemians Dublin

2000 22. September: Erster Fernsehauftritt in einer regionalen SWR-Sendung über den 1. FC Kaiserslautern. Klose resolut: »Nationalmannschaft – kein Thema.«

2000 20. Oktober: Erstes Bundesliga-Tor, erster Klose-Salto zum 2:0-Endstand gegen Werder Bremen

2001 24. März: Erstes Länderspiel, erstes Tor für die Nationalmannschaft: 2:1 gegen Albanien im WM-Qualifikationsspiel

2002 Vize-Weltmeister mit der deutschen Nationalmannschaft (0:2 gegen Brasilien)

2004 Wechsel zu Werder Bremen

2004 Heirat mit Sylwia

2005 Geburt der Zwillinge Luan und Noah

2006 Torschützenkönig der Bundesliga: 25 Tore in 26 Spielen

2006 WM-Dritter mit der deutschen Nationalmannschaft (3:1 gegen Portugal)

2007 Wechsel zu Bayern München

2008 Deutscher Meister und Pokalsieger mit Bayern München

2008 Vize-Europameister (0:1 gegen Spanien)

2010 Deutscher Meister, Pokalsieger und Champions-League-Finalist mit Bayern München

2010 WM-Dritter mit der deutschen Nationalmannschaft (3:2 gegen Uruguay)

2011 Wechsel zum italienischen Erstligisten Lazio Rom

2012 6. März: Privataudienz bei Papst Benedikt XVI.

2014 Im WM-Halbfinale gegen Brasilien schießt Klose sein 16. Weltmeisterschaftstor. Er ist damit vor Ronaldo alleiniger WM-Rekordtorschütze

2014 Fußball-Weltmeister mit der deutschen Nationalmannschaft (1:0 gegen Argentinien)

2014 11. August: Nach 137 Länderspielen und 71 Toren erklärt Miroslav Klose seinen Rücktritt aus der deutschen Nationalmannschaft

WM-Rekord-
torschützen

16 Tore

Miroslav Klose (Deutschland) 2002–2014

15 Tore

Ronaldo (Brasilien) 1998–2006

14 Tore

Gerd Müller (Deutschland) 1970/1974

13 Tore

Just Fontaine (Frankreich) 1958

12 Tore

Pelé (Brasilien) 1958–1970

11 Tore

Sandor Kocsis (Ungarn) 1954
Jürgen Klinsmann
(Deutschland) 1990–1998

10 Tore

Helmut Rahn (Deutschland) 1954/1958
Teofilo Cubillas (Peru) 1970–1978
Grzegorz Lato (Polen) 1974–1982
Gary Lineker (England) 1986/1990
Gabriel Batistuta (Argentinien) 1994–2002
Thomas Müller (Deutschland) 2010/2014

9 Tore

Leonidas (Brasilien) 1934/1938
Ademir (Brasilien) 1950
Juan Schiaffino (Uruguay) 1950/1954
Vava (Brasilien) 1958/1962
Uwe Seeler (Deutschland) 1958–1970
Eusébio (Portugal) 1966
Jairzinho (Brasilien) 1970/1974
Paolo Rossi (Italien) 1978–1986
Roberto Baggio (Italien) 1990–1998
Karl-Heinz Rummenigge (Deutschland) 1978–1986
Christian Vieri (Italien) 1998/2002
David Villa (Spanien) 2006–2014

8 Tore

Guillermo Stábile (Argentinien) 1930
Diego Maradona (Argentinien) 1982–1994
Rudi Völler (Deutschland) 1990/1994
Rivaldo (Brasilien) 1998/2002

Bildnachweis

Tor 1 (S. 24/25): imago/Sven Simon
Tor 2 (S. 34/35): David Cannon/Getty Images
Tor 3 (S. 42/43): Gabriel Bouys/AFP/Getty Images
Tor 4 (S. 52/53): imago/Ulmer
Tor 5 (S. 62/63): Ullstein Bild
Tor 6 (S. 72/73): Ben Radford/Getty Images
Tor 7 (S. 80/81): imago/PanoramiC
Tor 8 (S. 90/91): Clive Mason/Getty Images
Tor 9 (S. 98/99): Marcus Brandt/AFP/Getty Images
Tor 10 (S. 108/109): Alex Livesey/Getty Images
Tor 11 (S. 118/119): Jaie McDonald/Getty Images
Tor 12 (S. 128/19): imago/Sportimage
Tor 13 (S. 138/139): imago/Ulmer/Teamfoto
Tor 14 (S. 148/149): picture alliance/Laci Perenyi
Tor 15 (S. 158/159): picture alliance/Sven Simon
Tor 16 (S. 168/169): imago/BPI
Titelbild: picture alliance/dpa

Bildredaktion: Sabrina Adeline Nagel

Über den Autor

Als bekennender Fußballromantiker ist Christoph Nagel, Jahrgang 1973, immer auf der Suche nach Wundern, nach den überraschenden, nicht planbaren Ereignissen abseits der üblichen Laufwege. Die Geschichte des »Underdogs mit dem Weltmeisterpokal«, des lange unterschätzten Spätstarters Klose, schlug ihn sofort in seinen Bann. Der studierte Historiker lebt und arbeitet als freier Autor und Kommunikationsfachmann in Hamburg und Lavenstedt. Mit der offiziellen Jubiläumschronik *FC St. Pauli. Das Buch* wurde er 2010 für das »Fußballbuch des Jahres« der Deutschen Akademie für Fußballkultur nominiert.